U0500235

XINGSHI ZHENCHA DE
CHUANGXIN HE GUIZHI

刑事侦查的
创新和规制

李 媛 / 著

知识产权出版社
全国百佳图书出版单位
——北京——

图书在版编目（CIP）数据

刑事侦查的创新和规制/李媛著. —北京：知识产权出版社，2021.6
ISBN 978-7-5130-7534-3

Ⅰ.①刑… Ⅱ.①李… Ⅲ.①刑事侦查学—研究 Ⅳ.①D918

中国版本图书馆 CIP 数据核字（2021）第 091521 号

内容提要

本书就刑事侦查的四个方面侦查概论、犯罪现场、侦查措施和常见案件侦查，对侦查的创新和规制问题进行研究，力图在侦查的创新和规制中找到平衡点。

责任编辑：龚 卫　　　　　　责任印制：刘译文
执行编辑：吴 烁　　　　　　封面设计：北京乾达文化艺术有限公司

刑事侦查的创新和规制
XINGSHI ZHENCHA DE CHUANGXIN HE GUIZHI
李 媛 著

出版发行：	知识产权出版社 有限责任公司	网　址：	http://www. ipph. cn
电　话：	010-82004826		http://www. laichushu. com
社　址：	北京市海淀区气象路 50 号院	邮　编：	100081
责编电话：	010-82000860 转 8120	责编邮箱：	laichushu@ cnipr. com
发行电话：	010-82000860 转 8101	发行传真：	010-82000893
印　刷：	三河市国英印务有限公司	经　销：	各大网上书店、新华书店及相关专业书店
开　本：	880mm×1230mm　1/32	印　张：	8.25
版　次：	2021 年 6 月第 1 版	印　次：	2021 年 6 月第 1 次印刷
字　数：	230 千字	定　价：	45.00 元

ISBN 978-7-5130-7534-3

出版权专有　侵权必究
如有印装质量问题，本社负责调换。

前　言

　　1980 年《刑事诉讼法》实施以来，我国刑事诉讼法治已历经了 40 年风雨征程。40 年来，刑事诉讼程序中的第一个阶段——侦查，已经在《刑事诉讼法》的调整和指导下发生了翻天覆地的变化。刑事侦查打击犯罪的能力得到明显提升，在人权方面不断实现全面保障。刑事侦查在传统理念、现场勘查、侦查措施和具体案件侦查四个方面都得到了长足的进步和发展，顺应了刑事诉讼立法和司法改革的需要。40 年来，刑事侦查由从人到案传统模式，发展到信息化侦查模式，继而又发展到当今大数据侦查模式，刑事侦查在现场勘查技术、侦查方法技能等多个方面较之前都发生了巨大的变化，而无论是大数据侦查还是信息化侦查，取证程序依旧需要在《刑事诉讼法》的指导和规定下完成，从立法和司法方面进一步推进侦查发展。40 年来，刑侦案件已经从过去的侵犯公民人身和财产权利犯罪案件向非接触式的电信网络犯罪案件方面发展，从而引发刑事侦查手段和程序的巨大变化。侦查方法的变革和发展主要涉及侦查创新的问题，侦查创新是指伴随着当今犯罪行为不断更新换代而创新发展出多种新的侦查方法、侦查理念和侦查技能；但是，无论侦查创新如何发展，其始终要在《刑事诉讼法》的规制下进行，这就是侦查发展的规制问题。

侦查的创新和规制问题一直以来就是伴随侦查发展的两个基本问题。一方面，侦查通过方法论的研究，不断创新侦查机制、侦查理念、侦查方法，在应对瞬息万变的技术发展和商业世界的创新事物和新型犯罪中，找到更多的方法和机制侦查破案，查找犯罪嫌疑人；另一方面，侦查又是诉讼的一个环节，侦查权的实现要在《刑事诉讼法》的规制下进行，依法侦查，做到侦查程序合法化。在侦查过程中对可能侵犯公民的人身权利、民主权利的强制侦查措施，适用时要严格按照法律的要求实行，否则就会出现侦查错误、程序瑕疵，最终导致非法证据排除。

本书力图在侦查的创新和规制中找到一个平衡点，从侦查的四个主要部分，即侦查概论、犯罪现场、侦查措施和常见案件侦查四章对侦查的创新和规制问题进行研究。在第一章侦查概论中，主要从侦查理念、侦查制度、侦查体制等多个角度探讨侦查发展创新和规制问题。在第二章犯罪现场中，主要对现场勘验、现场访问和现场分析进行研究，并对犯罪现场提出理论研究，对现场保护环节进行阐述。在第三章侦查措施中，主要介绍了传统侦查措施和现代侦查措施，可以说无论是摸底排队这种传统侦查措施还是大数据侦查这种现代侦查措施，侦查的规制和创新都必不可少，传统侦查措施需要创新适用网络时代的要求，现代侦查措施蓬勃发展需要法律规制。在第四章常见案件侦查中，主要列举了当前侦查实践中最常见的犯罪案件分类侦查，既没有从传统刑法分则的角度划分案件分类，也没有遵循传统刑侦教科书的案件分类，而是从侦查实践出发，按照侦查实践划分案件类型，研究各类刑事案件侦查的相关内容。

侦查发展的创新和规制是相辅相成的，二者共同发展，不可偏废。本书是笔者根据个人工作经验及教学经验总结的侦查发展方面的相关研究成果。由于能力有限，在创新和规制问题上研究多有不足，需要进一步提升，并在实践中进一步丰富和发展。

感谢在本书撰写过程中，一直对我进行引导的北京大学法学院陈永生教授，他孜孜不倦地教诲我面对困难的信心；感谢我的学生北京警察学院2016级侦查学专业邢泽航、2017级侦查学专业马路昊、王雪莹等，他们在本书的撰写过程中帮助我收集大量资料和制作表格等工作；同时也感谢北京市公安局朝阳分局刑侦支队的吴迪、马骥，法制支队的张海涛等同志，他们无私地向我分享了刑事侦查实践工作多方面的经历和经验。

希望本书能够对同道们侦查发展的规制和创新问题有一定借鉴意义，向疫情期间所有奋战在抗疫一线的侦查员同志致敬！

李　媛

2020年7月

目 录

第一章 侦查概论 ································· 1
  第一节 侦查发展的创新和规制概述 ··············· 3
  第二节 大刑侦体系构建理论 ····················· 16

第二章 犯罪现场 ································· 25
  第一节 犯罪现场概述 ··························· 27
  案例1 "6·30"崔某某故意杀人案 ··············· 31
  第二节 犯罪现场勘查 ··························· 39
  第三节 犯罪现场分析 ··························· 45
  案例2 "7·04"梁某某故意杀人案 ··············· 50
  第四节 犯罪现场保护 ··························· 60

第三章 侦查措施 ································· 69
  第一节 摸底排队 ······························· 71
  案例3 "10·02"任某某、刘某某抢劫杀人案 ········ 79
  第二节 调查访问 ······························· 83
  案例4 "9·03"吕某某故意杀人案 ··············· 90
  第三节 讯 问 ································· 93

第四节　辨　认 ……………………………………………… 101

第五节　通缉、通报 ………………………………………… 110

案例5　"1·27"白某某故意杀人案 ……………………… 114

第六节　搜查扣押 …………………………………………… 117

第七节　视频侦查 …………………………………………… 125

案例6　"12·08"任某某故意伤害致死案 ……………… 131

第八节　大数据侦查 ………………………………………… 133

第九节　强制措施 …………………………………………… 136

第四章　常见案件侦查 ……………………………………… 149

第一节　命案侦查 …………………………………………… 151

案例7　"6·29"徐某故意杀人案 ………………………… 166

第二节　黑恶势力案件侦查 ………………………………… 173

第三节　侵财案件侦查 ……………………………………… 180

案例8　"5·12"系列盗窃车内财物案 …………………… 201

第四节　毒品案件侦查 ……………………………………… 206

案例9　"12·05"吴某、吴某柱贩卖、运输、制造
　　　　毒品案 …………………………………………… 214

第五节　电信诈骗案件侦查 ………………………………… 216

参考文献 ……………………………………………………… 253

第一章

侦查概论

第一节 侦查发展的创新和规制概述

自 1980 年我国《刑事诉讼法》施行以来，我国的刑事诉讼法治已经历了 40 个年头。回顾 40 年来刑事诉讼法治的发展，我国在刑事诉讼的制度建设与价值选择上取得了从"有法可依"到"良法善治"，从"打击犯罪"到"人权保障"的重要成就，也获得了一系列法治建设的经验。中国《刑事诉讼法》实施以来，相关学者、教授、司法人员在检察制度变革、审判制度发展及辩护制度的发展和演变上面都进行了相关的论述。但刑事侦查作为刑事诉讼的一个阶段，关于侦查权 40 年的发展变化等情况少有研究和论述。目前比较成型的是中国人民公安大学侦查与反恐怖学院副院长井晓龙发表的《中国刑事侦查四十年》，公安部在 2019 年对刑事侦查 40 年的改革与发展录制的一个纪录片《砺剑——刑侦改革四十年》对中国刑事侦查工作进行了总结和提炼。侦查发展 40 年以来，侦查发展一直面临着创新和规制的挑战和平衡，侦查方法、措施、理念和体制的创新不断应对日益变化的犯罪侦查需求，侦查法律规制始终在刑事诉讼法的指导下规范化进行。可以说，侦查发展中的创新和规制问题，始终相伴相生，不断发展。

《刑事诉讼法》实施以来，我国刑事诉讼法治在人权保障方面的成就有目共睹，犯罪嫌疑人、被告人的人身自由权、财产权、辩护权等权利的保障程度逐渐提升；刑事诉讼法制愈发科学化、精细化，建成了以《刑事诉讼法》为主体，以相关司法解释、司法解释性文件、办案机关工作规范为补充的规范体系，实现了刑事执法的"有法可依"；《刑事诉讼法》稳健运行，依法办案、保障人权等观念深入人心，办案人员依法办案的意识与水平得到了显著提升，"有法必依"的要求基本实现。但是，如何进一步加强侦查取证的规范性、如何进一步全面打击涉网型新型犯罪、如何进一步落实宪法和刑事诉讼法等相关法律规定，以及如何在未来改进侦查方式以全面适应以审判为中心的诉讼模式，仍是未来刑事侦查需要不断回答的问题。

改革开放以来，为适应打击犯罪工作的新要求和执法环境变化的新挑战，改革创新一直是刑事侦查（简称"刑侦"）工作的主旋律。1984年，全国侦查工作会议有力推动了历时三年的"严打"斗争；1997年全国刑侦工作会议启动了以体制改革为重点的一系列刑侦改革；2007年全国公安机关深化刑侦改革座谈会，全面部署创建全国信息共享、整体联动、高效率低成本的"打击犯罪新机制"；2014年全国刑事侦查工作会议全面部署创建科学指挥、合成作战、现场必勘、专业研判、分类侦查、准确办案的打击犯罪新机制。40年刑侦工作的历史是一部改革创新的历史，贯穿数十年刑侦工作发展的一条红线正是"改革创新"，这是推动刑侦工作长远发展的强大动力。40年砥砺奋进，使广大刑警的综合素质和精神面貌发生了巨大转变。

纵观中国刑事侦查发展历程大致可以分为四个时期。首先是刑事侦查迅速恢复并快速发展时期；其次是刑事侦查开始改革探索并不断深入发展时期；再次是刑事侦查适应时代需求，刑事侦查品质明显提升时期；最后是刑事侦查全面深化改革，刑事侦查工作加速升级换代时期。回顾我国刑事侦查40年发展历程，可以发现我国刑事侦查逐步形成了四项主要功能，即全面准确打击刑事犯罪、充分深入推进人权保障、全力有效维护社会安定及有力协助开展追逃追赃。我国刑事侦查的发展历程为新时代刑事侦查发展提供了有益的经验启示。本书从实践和学术研究出发，将全书内容划分为刑事侦查工作最常见的四章：侦查概论、犯罪现场勘查、侦查措施及常见案件侦查措施。这种划分方法是全面包含刑事侦查工作的分类方法。每一章都体现了侦查发展的创新和规制。比如，讯问制度的创新内容包括侦审一体化制度的全面建立、讯问技术的创新及讯问理念的创新等，但同时讯问制度的规制也包含着讯问同步录音录像，严格的讯问场所和时间、严禁刑讯逼供、口供不能单独定罪等多种规制要求，可以说任何一项侦查措施都是伴随着创新和规制发展的，两个方面不可偏颇。

一、侦查发展的创新

侦查的创新主要包括侦查制度创新和侦查方法技术创新两个部分。

（一）侦查制度创新

侦查发展以来，始终突出"机制创新"手段，深化警务机制改革，全面提升了打击犯罪工作整体水平。公安机关主动应对社会动态化、信息化条件下刑事犯罪活动的新变化和新特点，将警务改革作为解决制约打击犯罪源头性、瓶颈性问题的根本手段，在工作理念上求突破，在打击机制模式上求创新，在侦查破案方式上求发展，持续引领刑侦工作纵深推进。

1. 侦查破案机制创新

在命案侦破中，创建立线侦查工作机制，形成以立线侦查、新发命案快侦快破、专案驻勤、四警联动、一案一议为核心的机制体系，全力保障以命案侦破为主要内容的重案侦查工作长效发展、稳步推进。在打击侵财犯罪中，探索建立规模化侦查打击、寄递业秘密侦查、涉案手机批量查控、合成研判、围点控打、青干打击侵财战训、跨区域侵财案件核破工作规定等机制体系，形成"合成作战、优势互补"的常态打击模式，有效解决了打击中的突出问题。刑专平台实战中，创新建立情报会商、专业研判、高危掌控、情报侦查捆绑作战、情报网安技侦合成作战、重特大敏感及系列案件同步上案等多项机制与规范，不断推动侦查工作与情报信息有机结合、无缝对接，持续挖掘打击破案新的增长点。

2. 侦审一体化的逐步建立

紧密围绕建设法治公安的目标，以持续深化执法规范化建设为主线，以确保侦审一体化框架下执法办案质量为重点，紧紧抓住规范执法的动力、基础、关键、主线、根本五个方面，以"五个全面提升"来推动实现"执法队伍专业化、执法行为标准化、执法管理系统化、执法流程信息化"。理顺执法办案体系，完善监督管理机制。强力推进侦审一体化工作，积极构建与"一办到底"模式相适应的执法办案体系；全面加强案件审查攻坚，严格落实审查责任，分级、分类完善案件审查相关工作机制，提升各类案件审查攻坚水平；通过加强对行政收案工作的指导，以及建立推行败诉案件分析通报机制，进一步加大对行政案件的指导、监督力度；健全完善局内外办案会商协调机制，推行重大疑难案件集体议案制度。

3. 公安机关内设预审机构职能的调整变化

我国的预审，指的是公安等侦查机关的专门机构，依法对犯罪嫌疑人进行讯问和调查，以查明案件全部事实真相并对案件依法处理的侦查活动。1954 年，我国《宪法》颁布后，公安部召开了第六次全国公安工作会议，在会议决议中指出："各级人民公安机关都应逐步建立正规的预审制度，使全部预审程序都合乎法律的要求。"1955 年，公安部成立预审局，即第十三局，各地相继将预审职能从政保、治安部门划出，形成"侦审分开"的格局。1979 年，《刑事诉讼法》颁布，预审制度第一次以国家基本法的形式得到确认，之后的 10 年，属于"侦审分开"的稳定时期，预审地位逐步提高。1996 年的《刑事诉讼法》再次确认预审制度。1997 年 6 月，公安部召开全国刑事侦查工作会议，明确将"侦审一体化"（即侦审合并）作为改革刑事侦查工作的重要组成部分。实行侦审一体化，有利于保证办案时效，提高办案效率和办案质量；有利于明确责任，严格执法，更加有力地打击犯罪。随后，全国大部分公安机关撤销预审部门，实行侦审合并，但也有部分公安机关保留预审部门。虽然很多公安机关将预审部门撤销，侦审合并也成为大趋势，但是在 2012 年修订《刑事诉讼法》时，仍然确认了预审制度。原因在于，一方面，预审部门在全国仍有保留；另一方面，侦审合并，撤销预审部门，并不意味着预审制度的消失。侦审合并不是要取消预审工作，而是要把现在预审部门的一部分职能合并到侦查部门，结案的把关由侦查部门负责。

法制部门预审强化。法制部门是公安机关的案件审核和监督部门，各地公安机关均非常重视法制部门建设，能进入法制部门工作的民警，都是优中选优，既熟悉法律规定，又熟悉侦查办案。侦审合并后，预审的一部分职能合并到了侦查部门，另一部分职能则由法制部门来承担。在刑事侦查中，法制部门的主要职能包括以下几项：一是对案件的定性进行审核；二是对刑事强制措施的适用和变更进行审核；三是对案件是否符合结案条件、结案后如何处理进行审核；四是引导侦查，提出调查取证意见。为了履行好这些职能，法制部门会采用阅卷审查、提审见面、复核证据等方式，这些工作，既是对侦查部门预审职能的补充完善，也是预审职能的一种强化。可以说，法制部门的预审是刑事案件侦查中的"护城河""防火墙"。

4. 加快推进执法办案管理中心建设

随着认罪认罚制度的建立，全国公安机关继续加快推进执法办案管理中心建设，并拓展实现派驻检察室、律师会见、未成年人社工帮教等职能，特别是以规范执法办案管理中心运行为牵动，进一步推动落实受案立案制度改革和以审判为中心的诉讼制度改革，有效加强对关键执法要素集约化、精细化、全流程管控，规范民警前端执法行为，确保执法效果。积极推动反恐怖主义及社会治安管理等地方立法及配套制度建设；充分发挥法制部门法律服务保障的作用，在打击网络犯罪等新型犯罪及创新社会治理、服务经济社会发展等方面，提供及时、准确、专业的法律指导服务；健全完善行政执法管辖权限规定，明确行政执法办案管辖、执法权限、复议诉讼等相关内容。

（二）侦查方法技术创新

全国刑侦部门以"更快地破大案、更多地破小案、更准地办好案、更好地控发案"为目标，全面实行"科学指挥、合成作战、现场必勘、专业研判、分类侦查、准确办案"的打击犯罪新机制，队伍整体素质、打击效能、执法办案水平得到明显提升。

以打"硬仗"来推动侦查破案方式变革升级——在打击"盗抢骗"犯罪、打击治理电信网络新型违法犯罪、命案积案攻坚行动、缉枪治爆专项行动、"三打击一整治"等一系列专项行动中，"以打带建、以建促打"，建立健全了一系列长效工作机制；通过侦办跨区域"盗抢骗"系列案件，推行"层报、研判、指令"制度，推动部、省、市三级刑侦部门实战化；在打击电信网络诈骗犯罪中，强化拦截预警和追赃挽损，推动大数据实战平台建设，加强国际和地区间执法合作、打击跨境犯罪。

刑事检验技术的运用，对甘肃省白银市"8·05"连环杀人案的成功侦破起到了关键作用。2019年，公安部和省、市、县四级公安机关共建有刑事科学技术机构3700余个，拥有专业技术人员4.5万余名。2015年，"一长四必"现场勘查制度开始实行。2018年全国共勘查各类现场470万余起，勘查质量全面提升。截至2019年上半年，全国已有警犬技术人员1.6万余名，共有2.6万余只工作犬活跃在一线。

二、侦查发展的规制

（一）执法规范化建设

执法规范化活动是公安机关全面推进法治建设的依托，新形势下迫切要求建设与全面依法治国相适应的法治公安，不断增强公安机关的依法履职能力。目前，公安执法规范化建设的发展历程已形成权力制衡之格局，这与党和政府的宏观策略、民众对法治公安的需求以及公安自身条件的成熟密切相关。新时期，将程序意识、证据意识始终贯彻公安执法规范化建设是必要保障，持续深化公安执法规范化建设是侦查权规制的必经之路。

（二）执法规范化监督与追责制度

公安机关在执法规范化建设中，着力深化完善监督管理机制，进一步规范两级执法监督管理委员会实体化运行，加强对全局办案质量的专业化监督；深化执法质量考评工作，进一步调整完善考评指标体系，督导跟进问题整改，严格落实责任追究；规范涉案财物集中管理，深化涉案财物管理信息系统应用；充分运用"互联网＋"等信息化手段，全面推行生效行政处罚、行政复议决定书网上公开。

1. 前期处置工作

发生命案后，属地分（县）局值班领导、主管领导，刑侦支（大）队领导、派出所所长未到现场的，对上述领导追究责任。市局情报中心、技侦总队、网安总队未落实"四警联动"工作要求，应到现场而未到现场，影响案件侦办进度，造成案件久侦不破等严重后果的，对上述单位的主管领导追究责任。命案发现报警后，最先到达现场的出警民警应立即承担现场保护责任。根据现场情况、划定警戒线、采取必要措施保护现场，同时实施留置可疑人员、抢救伤员等现场紧急措施，开展初步访问工作，并将工作情况全部通报到场的刑侦部门指挥员。有下列情形之一的，追究出警民警及所在单位主管领导责任：最先到达现场的出警民警现场保护意识不强，未穿戴一次性鞋套、手套等必要装备，随意进出现场，造成现场被破坏的；最先到达现场的出警民警对现场未有效采取设立警戒线、封锁现场出入口等现场保护措施，使得其他无关人员进出现场，造成现场被破坏的；最先到达现场的出警民警未能及时留置可疑人员，造成犯罪嫌疑人逃脱的；最先到达现场的出警民警未有效开展现场初步访问，影响案件侦办进度造成严重后果的。

各级刑事技术、法医部门应按照《公安机关办理刑事案件程序规定》及公安部、市局关于现场勘查、检验、鉴定的工作规范对命案现场开展勘查，对尸体及相关物证进行检验鉴定。现场勘查、检验、鉴定工作应当坚持及时、全面、细致、客观的原则，避免因未按照规定开展现场勘查、取证、检验、鉴定等工作，造成漏勘、漏取、漏检、错检，现场分析判断失误，检验鉴定错误以及物证丢失等问题。

2. 现场勘查工作

各级刑事技术、法医部门在进行现场勘查工作时应当录像，保存视听资料，存在以下过错的，追究相关责任人员及所在单位主管领导责任。

（1）未穿勘查服、勘查鞋，未戴帽子、口罩、手套、鞋套等装备进入现场进行勘查，造成现场被破坏或痕迹物证、生物检材损坏、污染的。

（2）现场勘查不及时，导致现场已被清理，失去勘验条件的。

（3）现场勘查不全面，对中心现场勘查中出现明显纰漏或对外围现场、关联现场发生漏勘情况的。

（4）现场勘查不细致，对与案件事实可能有关联的血迹、体液、毛发、人体组织、指纹、足迹、字迹等生物样本、痕迹、炮弹、轮胎和微量物证等，应当提取而没有提取的。

（5）对于勘查中发现的嫌疑人遗留的有价值物品及现场座机、手机打出的电话号码未及时反馈给侦查部门，影响案件整体侦办进度的。

（6）现场勘查笔录制作不规范，缺少勘验人员和见证人签名或者盖章，未详细记录勘查的时间、地点、在场人员、现场方位、周围环境等，现场的物品、人身、尸体等的位置、特征等情况，文字记录与实物、绘图、照片、录像、勘查过程不相符，造成现场勘查笔录不能作为定案依据的。

（7）现场勘验、检查、搜查提取的物证、书证及其他证据，未附笔录或者清单，笔录或者清单上没有侦查人员、物品持有人、见证人签名或者对物品的名称、特征、数量、质量等注明不详，导致无法证明物证、书证及其他证据的来源，造成提取的物证、书证及其他证据不能作为定案依据的。

（8）对现场勘查提取的物证、痕迹及生物检材未按规定要求进行固定、包装、保存、移交，造成物证、痕迹及检材损坏、丢失的。

3. 检验鉴定工作

各级刑事技术、法医部门在对痕迹、物证进行检验鉴定工作时，存在以下过错的，追究相关责任人员及所在单位主管领导责任。

对于与案件事实可能有关联的血迹、体液、毛发、人体组织、指纹、足迹、字迹等生物样本、痕迹、物品和现场提取的认定嫌疑人的痕迹，应当检验鉴定而没有检验鉴定的或未及时开展查证、鉴定，影响案件侦办进度的；涉及伤者损伤的临时鉴定，应继续关注损伤恢复状况，主动、及时完善正式鉴定结论；鉴定意见具有《最高人民法院关于适用〈中华人民共和国刑事诉讼法〉的解释》第85条规定的情形之一，造成鉴定意见不能作为定案依据的。

4. 侦查取证工作

各级刑侦部门及相关警种对于立案侦查的命案，要全面进行案件分析，及时展开侦查措施，使用侦察手段，按照法定程序全面收集、调取证据，抓捕犯罪嫌疑人。避免因侦查措施手段开展不力或使用侦查措施手段严重错误，未能及时有效收集到应该收集到的证据，导致案件本应可以破获而久侦不破；或因证据不足检察院不批准逮捕、不予起诉，被判无罪。

（1）警种间协作。

在专案侦查和犯罪嫌疑人抓捕过程中，情报中心、技侦、网安、治安、巡警、交警等诸警种和部门要各尽其职，按规定开展责任工作，及时提供相关情况或线索，全力协助案件侦破。对于在专案侦查和犯罪嫌疑人抓捕过程中，相关警种部门因侦查措施不落实，导致破案时机延误、案件久侦不破的，追究相关警种部门主管领导责任。

（2）调查访问工作。

各级刑侦部门侦查员在开展调查访问工作时，因工作不细致，应该获取的重要线索而没有获取，导致破案时机延误、案件久侦不破的，追究具体开展调查访问的侦查员及所在单位主管领导责任。

对证人、犯罪嫌疑人进行询问、讯问时违反法定程序，没有个别进行；书面证言、讯问笔录没有经证人、犯罪嫌疑人核对确认；询问、讯问聋哑人，未提供通晓聋哑手势的人员；询问、讯问不通晓当地通用语言、文字的证人、犯罪嫌疑人，未提供翻译人员的，造成证人证言、犯罪嫌疑人供述不能作为定案依据的，追究进行具体询问、讯问工作的侦查员及所在单位主管领导责任。

对少数民族证人、犯罪嫌疑人询问、讯问时，应将通晓汉语、汉字的情况在笔录中注明，不需要聘请翻译人员的权利明确记录在笔录中。

采用暴力、威胁等非法方法收集证人证言，造成证人证言被以非法证据排除的；讯问犯罪嫌疑人时，采用刑讯逼供等非法方法，造成犯罪嫌疑人供述以非法证据被排除的，追究具体进行询问、讯问工作的侦查员及所在单位主管领导责任。

制作询问笔录不规范，没有填写询问人、记录人、法定代理人姓名及询问的起止时间、地点；没有记录告知证人有关作证的权利义务和法律责任；笔录反映出在同一时段，同一询问人员询问不同证人，造成证人证言不能作为定案依据的，追究具体询问证人的侦查员及所在单位主管领导责任。

（3）证据收集工作。

在证据收集过程中，有下列情形之一的，追究相关责任人员及所在单位主管领导责任。

①对于与案件事实有关联的监控录像等视听资料，涉案手机电话清单、网上聊天记录等电子数据，相关物证、书证，应收集而未收集的或收集不全面，导致上述证据不能作为定案依据的。

②未及时收集与案件事实有关联的视听资料、电子数据等证据，导致上述证据因时效或其他原因无法提取的。

③对于经检查、搜查过程中提取、扣押的物证、书证、视听资料、电子数据等证据未附笔录、清单或相关工作说明，不能说明证据来源的合法性，造成上述证据存在瑕疵甚至被非法排除的。

④制作检查、搜查笔录或扣押清单不规范，没有侦查人员、物品持有人、见证人签名，或者对物品的名称、特征、数量、质量等注明不详的，造成提取的证据不能作为定案依据的。

⑤进行侦查实验时与事件发生时的条件有明显差异，造成侦查实验笔录不能作为定案依据的；组织辨认时，存在未严格履行审批手续、在辨认时给予提示、辨认活动未个别进行等违法法定程序问题，导致辨认笔录形式不合法被排除的。

（4）缉捕追逃工作。

各级刑侦及相关部门在开展犯罪嫌疑人缉捕工作时，因准备工作不足、麻痹大意，造成犯罪嫌疑人脱逃、缉捕民警伤亡的，或逃犯没有及时上网、没有对逃犯可能藏匿的区域进行布控，造成逃犯久追未捕的，追究相关部门主管领导责任。

5. 案件办理工作。

根据《刑事诉讼法》和《公安机关办理刑事案件程序规定》等有关法律法规规定，公安机关在办理案件过程中要依法采取强制措施，依法讯问，依法收集、调取证据，规范制作文书，正确适用法律，认真审查案件、分析证据、排除矛盾，避免出现未按有关法律法规办理案件、错误采取强制措施、刑讯逼供或采取其他非法手段获取口供、非法收集证据或证据材料弄虚作假、对案件审查不细、对证据收集不全面等情况，从而导致嫌疑人不批捕，不起诉，被判无罪。

（1）讯问工作。

各级刑侦部门的侦查人员、预审部门的预审员在讯问犯罪嫌疑人时有下列情形之一的，追究具体讯问工作的侦查员、预审员及所在单位主管领导责任。

讯问犯罪嫌疑人时，因对案件事实、收集到的证据把握不严，造成犯罪嫌疑人的供述与能够证明案件事实的证据相互矛盾，导致犯罪嫌疑人供述不能作为定案依据的。

讯问犯罪嫌疑人时，未同步录音录像，或是录音录像不规范、不完整，导致录音录像失去应有价值的。

制作讯问笔录不规范，讯问笔录填写的讯问时间、讯问人、记录人、法定代理人等有误或者存在矛盾；讯问人没有签名；首次讯问笔录没有记录告知被讯问人相关权利和法律规定；讯问笔录没有经嫌疑人核对确认的，造成讯问笔录存在证据瑕疵，不能作为定案依据的。

（2）卷宗、证物管理工作。

对于案件的卷宗、相关物证的移交、保管工作不到位，造成卷宗、物证遗失、损坏的，追究具体办案人员及所在单位主管领导责任。

（3）补充侦查工作。

对于人民检察院退回公安机关补充侦查的，预审及相关办案部门应按照法定时限认真开展补充侦查工作。在开展补充侦查工作时，有下列情形之一的，追究预审及相关办案部门具体承担补充侦查工作的侦查员及所在单位主管领导责任。

对于人民检察院提出的补充侦查建议不落实、不工作或是未在规定时限内完成补充侦查工作，造成嫌疑人不批捕、不起、被判无罪的。

在补充侦查期间，弄虚作假，擅自更换、修改原有证据，导致证据被非法排除的。

对于预审部门提出的合理的补充侦查意见，相关办案单位应及时开展工作，对于未开展工作的，追究相关责任人和主管领导责任。

第二节　大刑侦体系构建理论

当前各地公安机关积极构建大刑侦体系，实现刑侦工作的多部门、多角度、多层次合作，最大限度地实现刑侦工作的全面开展。在探索大刑侦体系建设过程中，应用了多种模式，探索的道路分别包括侦审一体化，刑所配合，机关警力下沉及多警种、多部门整体合成作战的打击模式，这些都是公安机关适应大刑侦体系建设构建的具体举措，属于侦查发展的创新工作，通过构建大刑侦体系实现侦查体制的创新。改革开放以来，刑事犯罪的形势发生了新的变化，刑侦改革也历经多次。新时期，犯罪的流动性、智能性、隐蔽性更加突出，新型犯罪不断涌现，进一步加大了侦查工作的难度。❶ 为有效推动刑侦专业队伍与派出所打击力量深

----

❶ 毕惜茜，刘明辉. 公安"大侦查"体制改革研究［J］. 中国人民公安大学学报（社会科学版），2017（1）：97－103.

度融合、优势互补，提升公安机关整体打击犯罪工作效能，公安机关创新探索刑所配合模式，加强基层公安机关刑侦打击能力。

当前，犯罪形势发生了新的变化，在侦查工作任务急剧加重但警力编制已无增加可能的"新常态"下❶，进一步加强新时期侦查资源管理配合工作，推行"两级管理、三级打击"的大刑侦体系建设，有效解决基层公安机关打击犯罪能力提升问题，成为当前警务改革的重大课题之一。

一、大刑侦体系建设框架

在当今日益多变的世界背景下，各国行政改革都成为提高综合实力、应对挑战的方法之一。我国自改革开放以来，也经历过五次政府改革，在 21 世纪政府改革的背景下，"大部制"改革崭露头角。党的十七大第一次使用了"大部制"这个名词，党的十八大再次明确"积极稳妥实施大部门制"，这意味着大部制是我国深化行政体制改革的重要前进方向。党的十九大报告提出探索"双合"改革，被视为大部制改革之后更深层的改革创新。公安部在推进公安改革的过程中也多次引用"大部制""大警种"的说法。大部制即为大部门体制，按照业内专家的提法，为推进政府事务综合管理与协调，按政府综合管理职能合并政府部门，组成超级大部的政府组织体制。特点是扩大一个部所管理的业务范围，把多种内容有联系的会务交由一个部门管辖，从而最大限度地避免政府职能交叉、政出多门、多头管理，从而提高行政效率，降低行政成本。❷ 大刑侦理念是在大部制的启发下产生

---

❶ 毕惜茜，刘明辉. 公安"大侦查"体制改革研究 [J]. 中国人民公安大学学报（社会科学版），2017（1）：97－103.

❷ 蔡东华. 我国大刑侦管理模式的建构和思考 [D]. 兰州：兰州大学，2017.

的，指的是一个整体高效精简、多警联合作战的刑侦模式。

在探索大刑侦体系管理模式构建中，各地公安机关形成了建立"两级管理、三级打击"的大刑侦体系建设模式，旨在形成刑侦总队、刑侦支队、派出所合力打击的大刑侦模式，在探索大刑侦体系建设过程中，应用多种模式，探索的道路分别包括侦审一体化、刑所配合、机关警力下沉及多警种、多部门整体合成作战的打击模式，都是公安机关适应大刑侦体系建设构建的具体举措。刑所配合则是大刑侦体系构建的一个重要探索，它强调了基层刑警和派出所打击力量的融合，最大限度地做强基层刑侦打击力量，而不是刑警单打独斗的局面，是大刑侦体系建设中应用较好的模式。

二、公安机关"两级管理，三级打击"的打击犯罪模式

所谓"两级政府，三级管理"模式，就是在市、区两级政府的基础上，形成市、区、街道办事处三级纵向管理体制。通过扩大街道办事处管理权限，充分发挥其管理功能，使街道办事处在社区管理中真正负起职责，同时克服"全能致富、万能政府"的传统观念，引进"小政府、大社会""小机构、大服务"的行政理念，使政府行政行为、社会自主行为和市场主动行为相结合，最终形成一种高效、有序的社区行政管理体制。近年来，公安机关刑侦部门作为一级行政单位，实行"两级管理、三级打击"大刑侦体系建设，力图提高基层公安部门打击犯罪能力。以北京市公安局为例，北京市公安局实行"两级管理、三级打击"大刑侦体系建设，一级管理主要是指刑侦总队对于全局各类刑事案件的管理和统筹，二级管理主要是指各分县局刑侦支队对于各分县局辖区内刑事案件的管理和立案侦查，在三级打击中，一级

打击主要针对刑侦总队主责侦办的案件，二级打击主要针对各分县局刑侦支队主责侦办的案件，三级打击主要针对派出所主责侦办的案件。在三级打击模式中，各级分别针对不同的案件进行管辖侦办，具体来说，由表 1.2.1 表示三级打击中各级重点打击的刑事案件。

表 1.2.1 "三级打击"的三个部门重点打击的刑事案件

级别	承担打击的部门	重点打击的刑事案件
一级打击	刑侦总队	命案、故意伤害案、强奸案、绑架案、抢劫案、打黑除恶案、电信诈骗案、涉外刑事案件等
二级打击	各分县局刑侦支队（地区队＋重案＋便衣队＋机动车＋专案队）	系列入室盗窃案、系列诈骗案、系列抢夺案、强奸案、故意伤害案等
三级打击	派出所	故意伤害案（轻伤）、寻衅滋事案、容留他人吸毒案、强制猥亵侮辱妇女案等

需要说明的是，在一级打击中，刑侦总队主责侦办的案件，立案管辖一般是放在各分县局的，刑侦总队针对重特大案件、具有较大社会影响的案件协同各区县刑侦支队、辖区派出所共同进行侦办，刑侦总队主责侦办的案件专业性更强，影响力更大。

二级打击中，以北京市公安局××分局（以下简称××分局）刑侦支队为例，××分局刑侦支队的刑侦力量主要由重案队（4个）、地区队（北部队、南部队、东部队、中部队）、专业队等三个大部分构成，分别重点承担不同的案件类型，并分工配合。以××分局刑侦支队重案一队为例，2018 年 1—6 月，重案一队主要侦办管辖立案的案件包括盗窃、故意伤害、故意杀人、抢劫、绑架、敲诈勒索、入户抢劫这 7 种重特大类案件，体现了重案打击的拳头作用（见图 1.2.1）。

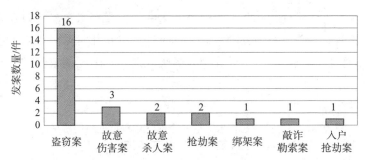

图1.2.1　2018年上半年××分局刑侦支队重案一队立案类别及数量

图1.2.2显示了2018年上半年××分局刑侦支队北部队的立案侦办情况。从立案数来看，北部队作为主要侦办××区北部地区刑事案件的地区队，半年立案数量达139起，案件类型也明显表现出与重案队侦办案件的不同，主要表现在盗窃、入室盗窃、扒窃、诈骗等类型，案件类型多样，案件数量众多，案件影响力略小于重案立案案件类型。

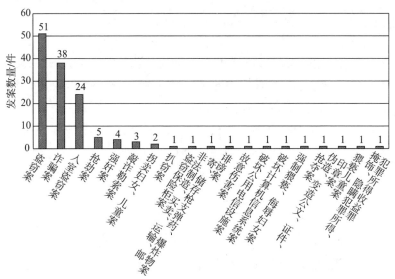

图1.2.2　2018年上半年××分局刑侦支队北部队立案类别及数量

　　派出所承担三级打击，尤其是自侦审一体化以来，派出所民警实行一案到底的工作模式，对派出所民警的刑侦办案能力有了相当大的挑战。笔者以×派出所为例，对×派出所2018年1—6月立案数量进行分析。图1.2.3选取×派出所2018年上半年前十类高发案件进行统计，在317起立案案件中，入室盗窃案、扒窃案、盗窃电动车案、盗窃摩托车案等各种盗窃案件共计191起，占了全部派出所侦办案件的60%，可见基层派出所主要需要侦办的案件是盗窃案件，而且多是单个的盗窃案件。派出所接报的盗窃案件数量最多，但却缺乏相关刑侦力量的整合，没有对系列盗窃案件进行系统性研究，刑侦支队虽然能破获一部分系列串案，但在庞大的盗窃案件数量中，只是凤毛麟角。同时，以×派出所为例，2018年1—6月×派出所管辖发生641起刑事案件，其中派出所立案侦查317起，也就是说，派出所侦办的刑事案件占到了辖区的一半，剩下一半由刑侦支队、刑侦总队进行侦办。由此可见，派出所是最基础的刑侦打击力量，是最能体现当地对犯罪管控能力的部门。

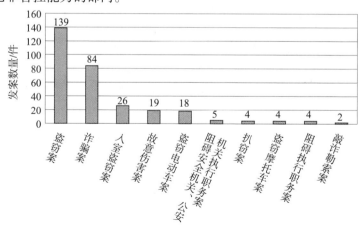

图1.2.3 2018年上半年×派出所立案类别及数量

三、刑所配合创新解决提升基层公安机关打击犯罪能力

新时期，各地公安机关在如何加强刑侦工作、提升侦查破案能力上进行了不少的探索和尝试。随着刑侦技术专业化分工越来越细、越来越精，公安机关刑侦队伍在专业化建设上出现了一些问题，如各部门合成作战意识不强，协调配合不顺畅等。❶面对日益开放的动态社会环境和日趋严峻的犯罪形势，迫切需要突破单一的刑侦作战模式，形成刑所配合工作机制，将有限的警力形成合力，来应对不断变化的犯罪形势。刑所配合模式是创新解决提升基层公安机关打击犯罪能力的有效方法。

一是刑所配合能够提升派出所现场勘查质量。在先期组织集中授课培训的基础上，通过技所捆绑作战、同步勘查现场的形式，直接"点对点"向派出所勘查民警传授现场勘查经验、技巧及各类案件的关注要点，确保派出所民警在勘查自侦案件现场时，也能做到及时提取有价值的生物检材、涉案视频、痕迹物质等线索，为派出所自身破案能力提供强有力的支撑。二是刑所配合能够拓宽派出所视频线索的应用渠道。从拓展视频侦查应用空间出发，针对当前派出所涉案视频资源丰富，但局限于视频追踪、视频辨认两项功能，拓展应用不多等问题，刑侦支队结合110警情研判，会同派出所建立和完善"派出所提供涉案视频模糊影像—刑侦视频、人脸识别精确锁定—刑侦情报划定活动轨迹—派出所精确打击"的刑所联动工作机制，将派出所打击犯罪中的"前期性、基础性"优势与刑侦专业化手段有效结合，努力搭建优势互补、利益共享的工作格局。三是刑所配合能够提升

---

❶ 熊长锋. 浅谈刑侦队伍专业化建设［J］. 江西警察学院学报，2016（1）：40－44.

派出所的现场线索意识。从刑事技术角度，监测派出所 110 接处警平台，帮助派出所从中发现有价值且易流失痕迹物证的现场，及时组织派出所勘查民警前往开展勘验，固定证据，提供破案线索。四是刑所配合能够提升刑侦自身工作效率。辖区内一旦发生刑事案件，驻勤技术员利用派出所的地理优势在短时间内迅速赶到现场，解决了因交通拥堵造成技术员大量时间浪费在路上的现实问题，最大限度节省了刑侦技术员的警力资源，提高了工作效率。五是刑所配合能够提高派出所民警情报导侦的能力。以往工作中，部分派出所民警对各个信息查询系统不熟悉，导致在综合研判各类信息时不得要领、无所适从、网上作战兴趣不高。但是，在启动驻勤机制后，刑侦驻勤民警依托刑专、视频、现勘等平台的查询模块，快速研判突出线索，且件件有回音，均在短时间内予以破获，给了派出所民警最为直观的冲击和震撼，大大提高了他们对网上作战的兴趣和信心，工作技能随之也有了显著提升。六是，刑所配合能够提高派出所民警对基本侦查手段的实战运用。在实际案件中，对派出所民警公安情报系统查询工作流程、常见探头配套软件应用、便衣跟挂要点等工作方法和技巧进行手把手的培训。同时要求参训民警"每案一总结"，通过总结，熟悉掌握侦查手段，进一步熟练综合运用，最终达到灵活掌握的目的。

第二章

犯罪现场

第一节 犯罪现场概述

本章主要讲述三个问题——犯罪现场的概念、特点和分类。由犯罪行为所引起的客观环境的变化构成犯罪现场，犯罪现场的特点包括现场上储存着有关犯罪和犯罪嫌疑人的信息、现场上保留着犯罪证据和现场状态容易发生变化或遭到破坏。犯罪现场主要包括原始现场与变动现场、主体现场与关联现场、真实现场与伪造现场、室外现场与室内现场。

一、犯罪现场的概念

犯罪现场是指刑事犯罪行为人实施犯罪活动的地点和遗留有与犯罪有关的痕迹和物证的一切场所。现场是指人们从事某种活动或发生某种事件的场所，现场是一种时空概念，指一定时间范围内的空间。犯罪现场也是一个时空概念，是发生犯罪行为的现场。完成犯罪行为的三个阶段包括犯罪准备阶段（如准备工具）、犯罪实施（如进行杀人）阶段、犯罪实施后阶段（如销赃灭迹），在任何一个环节实施犯罪都能够形成犯罪现场。

刑事侦查工作大部分都是从现场勘查开始的，但也有一些犯罪侦查工作并不需要进行现场勘查，如网络犯罪，经济犯罪、扒窃犯罪。这些犯罪不进行现场勘查，并不是因为它们没有犯罪现场，任何犯罪都有犯罪现场，而是因为这种非接触性犯罪进行现场勘查意义不大，或者扒窃现场都在流动的地铁里，现场勘查也没有意义。但对于网络犯罪和经济犯罪，往往会进行虚拟现场勘查，即针对犯罪的网络空间进行虚拟现场勘查。

二、犯罪现场的特点

特点是特定种类事物本身所具有的，区别于其他事物的本质属性。犯罪现场的特点是指犯罪现场区别于其他现场的本质属性。研究犯罪现场的特点有助于深层次地了解犯罪现场，提高现场勘查的水平。

（一）犯罪现场保留着犯罪证据

勘查人员可以通过犯罪现场保留的犯罪证据，分析犯罪行为，进行犯罪现场重建。犯罪现场勘查过程中要始终牢固树立刑事侦查证据意识。《刑事诉讼法》将刑事证据分为八种——物证、书证、证人证言、被害人陈述、犯罪嫌疑人、被告人供述和辩解，鉴定意见，勘验、检查、辨认、侦查实验等笔录，视听资料、电子数据。在犯罪现场中，常常存在着指纹、足迹、头发、犯罪工具、墙上的喷溅血迹、烟头等，这些都是物证；现场发现的"血书"往往是书证；目击证人的询问笔录是证人证言；被害人询问笔录是被害人陈述；对犯罪嫌疑人、被告人的讯问及讯问笔录是犯罪嫌疑人、被告人供述和辩解；尸体鉴定等一般指鉴定意见；刑侦部门所进行的现场勘查、搜查、辨认、侦查实验等记录构成勘验、检查、辨认、侦查实验等笔录；视频资料往往属于视听资料、电子数据。应当重视犯罪现场的证据，刑事侦查是诉讼论也是方法论。刑事侦查的方法论在于刑事侦查是运用各种侦查措施侦查破案的，但刑事侦查也是刑事诉讼的一部分，所以要重视刑事侦查的诉讼论，培养证据观，深刻意识到刑事侦查工作，既是查明犯罪，也是证明犯罪的过程。

（二）犯罪现场储存着有关犯罪和犯罪行为人的信息

犯罪现场包含着大量的信息。例如，在冬日清晨的一个大型小区的垃圾桶旁边，环卫工人发现了一个身穿粉红色秋衣秋裤、白袜子的女性尸体。初步判断，该女子为扼颈致死，现场无太多血迹，女子呈俯卧状并上衣掀起。在这样的现场中，我们能分析现场都包含了哪些关于犯罪和犯罪行为人的信息？根据死者身着内衣，可以初步判定犯罪嫌疑人系前一天夜间作案。尸体被弃于大型的居民小区内，身着内衣，尸体内衣向上掀起系拖、抱形成，说明犯罪嫌疑人无运尸工具，杀人的第一现场在附近的小区内。受害人系被扼颈致死，说明犯罪嫌疑人没有准备杀人工具，结合抛尸情况，分析因突发矛盾激情杀人的可能性大。由此可见，通过对犯罪现场的分析，我们能够得到案件的相关信息。

（三）犯罪现场容易遭到破坏或发生变化

发生变化的原因包括人为因素和自然因素。人为因素主要包括现场勘查本身对犯罪现场的破坏，尤其是一些非专业现场勘查人员提前到达现场对犯罪现场的破坏。自然因素主要受到天气、季节等客观因素的影响，现场容易遭到破坏和发生变化。正是因为犯罪现场这个特性，才要求刑事侦查工作的及时性，才要求新发命案快侦快破机制。

三、犯罪现场的分类

（一）原始现场与变动现场

原始现场是指刑事案件发生后到实施勘查前没有受到人为的或重大自然力的改变和破坏的现场。原始现场又可以分为非伪装现场和伪装现场。非伪装现场是指犯罪分子在作案的过程中，对其犯罪的行为未加故意掩饰的原始现场。例如，犯罪分子不破坏罪迹、不改变自己的习惯动作、不掩饰自己的行为目的等而形成的犯罪现场。伪装现场是指犯罪分子在作案的过程中，对其犯罪行为故意加以掩饰的原始现场。综上可以看出，原始现场不管是非伪装的还是伪装的，一个明显的特点就是它们仍旧保持着由犯罪行为所引起的变化了的有关客观环境的本来状态。这就使得这类现场在侦查破案中具有很重要的价值。

变动现场是指刑事案件发生后到实施勘查前，由于自然情况的变化或人为因素的影响，使现场的原始状态有了部分或全部改变的现场。变动现场又可以分为自然变动现场和人为变动现场。自然变动现场是指犯罪分子作案后，由于自然的原因而部分或全部改变的现场。人为变动现场是指犯罪分子作案后，由于其他人为的原因而发生了部分或全部改变的现场。人为变动现场又可分为无意变动现场和故意变动现场。

（二）主体现场与关联现场

根据在犯罪发展过程中的地位和作用，犯罪现场可以分为主体现场和关联现场。主体现场就是犯罪行为人针对犯罪对象实施主要犯罪行为的处所。关联现场是指主体现场以外同犯罪行为相关联的场所。

（三）真实现场与伪造现场

根据现场现象的真假，犯罪现场可以分为真实现场和伪造现场。真实现场是指犯罪行为人实施犯罪行为时形成的现场。这类现场直接反映了犯罪嫌疑人实施侵害行为的情况，现场现象无虚假成分。伪造现场又称假现场，是指当事人为了达到某种目的或犯罪行为人为了掩盖自己的其他犯罪行为而有意布置的假案现场。这种分类的实践意义在于，真实现场是指犯罪行为人实施犯罪行为时形成的现场，这类现场直接反映了犯罪嫌疑人实施侵害行为的情况，现场现象无虚假成分。

（四）室外现场与室内现场

按现场所处的空间，可以分为室外现场和室内现场。室外现场是指犯罪行为人在室外作案时形成的现场。室内现场是指犯罪行为人在室内作案时形成的现场。

另外，按案件性质可将现场分为杀人现场、盗窃现场、强奸现场、抢劫现场、放火现场、毒害现场等。

案例1 "6·30"崔某某故意杀人案❶

田万青 山东省东营市广饶县公安局

2011 年 6 月 30 日我辖区内发生一起故意杀人案，案件已经查明。现对案件进行总结以期对同行有所启发。

一、简要案情

2011 年 6 月 30 日 7 时 10 分，某公安局刑事侦查大队接到某派出所的电话报案：辖区内赵某来家中发生一起故意杀人案，丈夫赵某来及儿子赵某兵死亡，妻子崔某某受伤。

二、现场勘查

现场位于本县一农户家院中。该院东临一条南北走向的胡同，其余三侧均有邻居。院东南角为蓝色双扇铁质内开门，该双扇门呈开启状，门锁破坏。院内五间坐北朝南平房。自东向西数

---

❶ 案件来源于"第四届全国凶杀案件法医现场分析交流会"。

第二间、第三间北屋屋门为绿色双扇外开纱门和绿色双扇内开木门。北屋厦檐窗台上放有两罐"银鹭"桂圆八宝粥，其中一罐开启，内有勺子及少量八宝粥，另一罐未开启；该屋门外脚垫上有滴落状暗红色斑迹一处，该斑迹西150cm处地面上有暗红色斑迹一处。屋内：北侧顶西墙靠北墙有一张双人床；床上有一头朝西北脚朝东南俯卧的男性尸体；尸体头部位置有呕吐物，北侧床上、西墙及北墙上有暗红色斑迹，尸体头部向东50cm处的床上有一蓝色毛巾被，其上沾有暗红色斑迹；床尾枕头的枕巾上沾有暗红色斑迹。该屋内地面上散在垂直滴落状暗红色斑迹，分为三组，分别标记为1号、2号、3号。

自东向西数第四间北屋屋门为绿色双扇外开纱门和绿色双扇内开木门。屋内东侧地面上放有水壶、水桶等物品；该物品北侧是一不锈钢水杯；该水杯北侧靠东墙放有联邦椅、大理石面的桌子，桌子上放有塑料水杯、茶杯、烟灰缸、茶盘（内有茶壶及茶杯）、"艾司唑仑片"药瓶2个、"氯硝西泮片"药瓶1个；桌子下地面上有"艾司唑仑片"药瓶1个、"氯氮平片"药瓶1个；顶西墙靠北墙有一张双人床，床上南侧有一头西脚东仰卧的男性尸体；尸体北侧的枕头、小被子及床单上有暗红色斑迹；床北侧及西侧墙上有暗红色斑迹。床东侧地面上有10cm×90cm范围无色液体斑迹。床南侧有一连接里外间的铝合金门，该屋门处有一白底蓝花的被子，被子内有一白色药片。

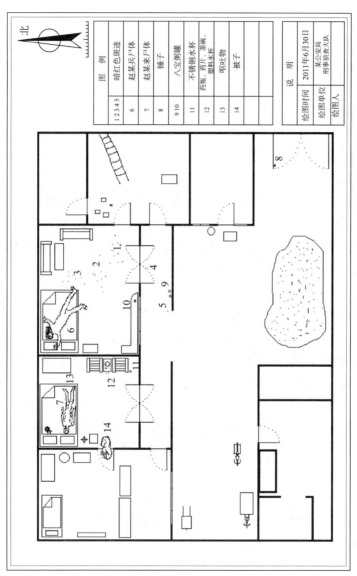

2011年6月30日故意杀人案现场平面图

图　例	
暗红色斑迹	1 2 3 4 5
赵某兵尸体	6
赵某来尸体	7
锤子	8
八宝粥罐	9 10
不锈钢水杯	11
药瓶、药片、茶碗、塑料水杯	12
呕吐物	13
叉子	14

说　明	
绘图时间	2011年6月30日
绘图单位	某公安局刑事侦查大队
绘图人	

三、尸体检验

赵某来：衣着完整，整齐；赤足，双足底干净。尸长 175cm，花白发，发长 1.5cm，较易脱落。面部尸绿形成。双眼睑青紫肿胀，眉间有一 2.5cm×1.5cm 的表皮剥脱伴皮下出血，口、鼻周围流注状血性斑迹。左眉上有一 2.5cm×0.4cm 的挫裂创，深达颅骨。左耳郭上缘有一 1.5cm 的全层裂伤。左颞枕部有 5 处创口，创缘不整齐，创周伴有挫伤带，深达皮下或颅骨，创腔内有组织间桥，其中两处线形创口大小分别为 4.5cm×0.1cm、1.2cm×0.2cm，两处"L"形创口大小分别为（1.1+0.5）cm×0.2cm、（0.8+0.4）cm×0.2cm，一处"Y"形创口，三边分别长 1cm、2.5cm、1.7cm。右乳突后有一 2.8cm 的创口，深达皮下，周围伴有 3.1cm×3.1cm 的方形皮下出血。颈项、胸腹、腰背及会阴部未见损伤。双手沾有血迹。解剖检验：左额部、颞枕部帽状腱膜下出血，分别为 7cm×4cm、15cm×5cm；双侧颞肌出血；左颞枕部有一 6.4cm×4.5cm 的粉碎性骨折，左额部有一 4cm×1.5cm 的凹陷性骨折。右脑半球蛛网膜下腔出血。双侧颅前窝粉碎性骨折，眶内组织进入颅腔，左侧颅中窝线状骨折，骨折线达蝶鞍处。胸腹部解剖未见损伤。

赵某兵：衣着整齐完整（背心左侧有条片状暗红色斑迹）。赤足，足底干净。尸长 182cm。尸体腐败，头面部及上胸部为巨人观状。黑发，发长 2cm，容易脱落。头面部分布蝇蛆，长 8mm。额顶部及右颞部有 12 处挫裂创，创缘不整齐，伴有挫伤带，创腔内有组织间桥，深达颅骨或颅腔，最大为 5cm×4cm，最小为 2.2cm×0.3cm。枕部 5 处挫裂创，创缘不整齐，创腔内有组织间桥，最大为 4cm×0.9cm，最小为 1.4cm×0.3cm。左肩外侧有 5cm×4cm 的皮下出血。左无名指近节开放性粉碎性骨折，掌侧、背侧创口分别为 2.5cm×1cm、1cm×0.2cm，创腔内有组织间桥。颈项、胸腹、腰背、会阴未见损伤。解剖检验：右颞顶部、左题杭部帽状时膜下出血，双侧颞肌出血；右颗骨有一6.5cm×4cm 的粉碎性开放性骨折，骨折边缘黏附灰黑色斑迹，对应处硬脑膜有一 7cm×4cm 的破裂口，脑组织腐败外溢。右顶结节处有一 1.5cm×1.cm 的凹陷性骨折，附着灰黑色斑迹，对应处颅骨内板骨折，额顶部颅骨外板有 4 处压擦痕，最大 2.2cm×0.5cm、最小 0.9cm×0.7cm。双额部、右颞部硬膜呈绿色改变。双额叶脑组织呈绿色。颈胸腹部解剖未见损伤。

1. 死亡原因：父子二人均为颅脑损伤死亡

尸体检验见赵某来左颞枕部、额部、双侧颅前窝及颅中窝颅骨粉碎性凹陷性骨折，右脑半球广泛性蛛网膜下腔出血，可以确定死者系颅脑损伤死亡。尸体检验见赵某兵右颞部颅骨粉碎性凹陷性骨折，右颞部硬脑膜破裂，脑组织液化外溢，双额部硬脑膜及双额叶脑组织呈绿色，结合现场，可以确定死者系颅脑损伤死亡。

伤者损伤机理：局部受压，血液循环障碍，组织缺血缺氧，细胞连接松解（组织液渗出形成张力性水泡），甚至组织坏死。

判断依据：①损伤具有一侧性，均位于肢体的右侧面。②损伤位于低垂部位。③损伤形态一致，主要表现为缺血缺氧引起的软组织损伤。

2. 致伤工具分析

（1）铁质钝器。理由：①头皮创缘较平直伴有镶边样挫伤带，创腔内几乎没有组织间桥，该类由剪切力形成的创口特征可以部分地反映质地。②颅骨骨折具有挤压缘、骨折块较小、骨折阶梯状改变等特征。结合头皮创特征，可以确定工具质地。

（2）具有 3.7cm 左右边长的方形平面，具有 0.7cm 至 1cm 的有棱边突起，表面黏附黑色物质。理由：①部分头皮挫碎，变薄，甚至形成创口。该类由面挤压形成的创口，可反映接触面特征。②颅骨上存在骨擦痕，痕迹为条状或片状。颅骨骨折边缘上可以看到黏附黑色物质。③小被子上的暗红色方形斑迹，边长 3.3cm 至 4.2cm；赵某兵肩部类方形挫伤，赵某兵颅骨阶梯样骨折宽度 0.7cm 至 1cm，黏附有黑色物质。④均具有棱边、金属质地等特征，所以要考虑同一工具具有不同形态的作用面，多种形态的综合，更有利于判断工具种类。

3. 死亡性质：他杀

判断依据：①创口分布及数量：赵某来虽然没有抵抗伤，但头部创口分布在额、左颞枕、右枕部，共 7 处创口；赵某兵额、顶、枕及右颞部有 17 处创口，左手及右肩具有抵抗伤。两人损伤自己不能形成。②现场血迹形态（抛甩、溅落、擦拭、血泊）与分布范围广结合损伤分布及足底干净无灰尘，可以判断死者受到攻击时为平卧位，案发现场即为第一现场。③毒化检验结果：八宝粥内检出氯氮平成分，一个 28 岁的成年人吃药，是不需要放在粥里面的。

4. 死亡时间：两死者死亡时间接近，均为两三天左右

判断依据：①腐败程度：二人腐败程度相似，均为轻度肿胀。但赵某兵腐败程度比赵某来重。②蝇蛆生长：赵某来尸体蝇卵未孵化，与腐败程度显然不符；赵某兵尸体上蝇蛆长 4~9mm 不等，取较长蛆 10 条，平均长 8mm，平均气温 31℃，套用方程 $TSD = (1.464 - 0.05T) I - 0.585$ 得 TSD 为 2.28 天。综合上述情况，父子二人死亡时间接近，均为两三天。考虑父亲赵某来死亡较晚。③DNA 检验结果提示在赵某兵一侧发现了赵某来血迹，而赵某来一侧现场未发现赵某兵血迹；钳工锤上未检出赵某来血迹。提示赵某来先死亡可能性大，这与"赵某来死亡较晚"的判断矛盾。

两死者死亡先后顺序：两具尸体上的蝇蛆生长差异很大，原

因可能与西侧房屋密封较好，苍蝇无法进入有关。腐败程度差异，可能与肥胖程度、房间日照充足与否有关。

5. 现场血迹

①赵某兵门外脚垫西南 150cm 处地面血迹为赵某来所留；②锤子上检出赵某兵血迹；③室内地面上干涸的圆形血环，中间部分被擦拭掉。

提示：①某人带着赵某来的血来到了赵某兵的门外；②赵某兵死后某人在现场停留了一段时间。

综合分析：赵某来比赵某兵先死的可能性大。

四、现场分析

1. 作案人数一人

①致伤工具：种类相同，并且很可能为同一工具遗弃在现场。②死亡原因损伤原因：父子二人均为颅脑损伤，崔某某安眠镇静类药物中毒昏迷。③致伤方式：父子二人均为他人用铁质钝器多次打击头部致颅脑损伤死亡，二人头部损伤散在分布、轻重程度相似，体现了相同的注意目标、意志力、体力。④时空条件：两死者分别在不同房间且为睡觉状态，为各个击破提供条件；血迹空间分布提示击打局限于床上，为一人击打可能性大。⑤其他信息：毒化检验结果表明，犯罪嫌疑人势单力薄，先采取了下毒这样的控制行为，然后实施犯罪。

2. 作案过程

（1）预谋阶段：药品的准备、投药、杀人工具选择。

（2）攻击阶段：①赵某来睡觉时被人用方顶铁质钝器连续打击头部直至死亡，打击时的部分时间头部盖有小被子。②赵某兵在服用含有"氯氮平"的八宝粥入睡后被人连续打击头部直至昏迷，呕吐，死亡，可能出现中间清醒期。③崔某某只中毒，未受攻击。

（3）善后处理阶段：工具、尸体、血迹、药瓶、八宝粥盒、小被子均未作处理。可能原因：①没时间处理；②不需要处理；③没想到处理。

锁院门的时间是在杀人前还是杀人后难以确定。

3. 作案动机：杀人

理由：①被杀的两个人都是头部受到多次打击致命，攻击部位选择头部，说明置人死地的目的。无发泄性损伤，说明犯罪嫌疑人情绪稳定；②选择杀人时机为睡眠时以及投毒行为，结合现场无翻动，说明犯罪嫌疑人的注意力在人而非财物。

4. 犯罪嫌疑人刻画

熟悉受害人的生活习惯，力量较弱，具有女性的柔性手段。女性熟人作案可能性大。犯罪嫌疑人情绪稳定，目的明确。结合崔某某衣服上的血迹，考虑崔某某为犯罪嫌疑人的可能性大。

五、破案结果

犯罪嫌疑人供述：

（1）动机。因为孩子2003年左右就有了精神病，犯病后就打人，打我也打他父亲，外边欠着接近一万元的账，银行里的两万元贷款还要还，家里也没什么收入。那几天我一直很烦心，觉得生活没希望，我就想把我对象和孩子弄死后再自杀。

（2）过程。我在丈夫平时喝水的杯子里放了"氯氮平"，数量不清。下午4点多丈夫回来，端起有药的杯子就喝水，之后就上床睡觉了。我怕有外人看见，就去把院门锁上了，随后我就把整瓶"地西泮"用水化开，放在一罐八宝粥内，掺和均匀后，到东头屋里把这罐八宝粥递给了儿子，他喝后就上床睡觉了。我拿了把铁锤想砸他爷儿俩，先去了西头北屋，丈夫睡熟了，我用蓝毛巾盖在他头上，两只手攥着木把开始砸他头，砸了几下，他还动，我就用半截被子盖在他头上，又用锤子砸他头，我看他不动了，认为他死了。我就出来了，在门口东侧台阶上休息了一会儿，锤子就放在脚边，约 10 分钟后，就拿着锤子去了东边屋里，赵某兵睡熟了，我就两只手攥着锤把朝赵某兵头部一阵猛砸，砸的过程中赵某兵动弹起来，我就用一床蓝色毛巾被盖住赵某兵头，又照着他头部猛砸，直到赵某兵不动了。砸的程度比砸赵某来厉害得多。我觉得赵某兵死了，我就到两头北屋里用一个茶碗化开两瓶"地西泮"和一瓶"艾普唑仑"，我喝了后就在西头北屋的床边地上躺下了，以后的事我就不知道了。

（3）工具。所用的锤子是家里自己用的，有时用来砸炭。木柄长 30cm，原木色。锤头是方形的，长度约 5cm。我砸了赵某兵就把锤子拿到西头北屋里了，我记得放在我躺的地方的头边了。

第二节　犯罪现场勘查

犯罪现场勘查是一项策略性和技术性很强的侦查措施。犯罪现场勘查是为了查明与犯罪有关的情况，发现、提取与犯罪有关的痕迹、物品，记录现场情况，在犯罪现场勘查信息系统中录入犯罪现场信息及分析案件情况，确定侦查范围和方向。犯罪现场勘查的实施要求包括合法、及时、全面、细致、客观、科学。犯罪现场勘查主要包括三大工作：现场勘验、现场访问及现场分析。本章主要讨论的是犯罪现场勘验工作。

一、犯罪现场勘查的概念

犯罪现场勘查，是侦查人员运用科学技术手段，对与犯罪有关的场所、物品、人身、尸体等进行勘验、检查的侦查活动。犯罪现场勘查的任务是发现、固定、提取与犯罪有关的痕迹、物证及其他信息，存储现场信息资料，判断案件性质，分析犯罪过程，确定侦查方向和范围，为侦查破案、刑事诉讼提供线索和证据。公安机关对具备勘验、检查条件的刑事案件现场，应当及时进行勘验、检查。现场勘查的内容，包括现场保护、现场实地勘验检查、现场访问、现场搜索与追踪、侦查实验、现场分析、现场处理、现场复验与复查等。

二、现场勘查基本原则

现场勘查工作必须坚持及时、全面、细致、客观的原则。

现场勘查工作必须根据《刑事诉讼法》《公安机关办理刑事案件程序规定》《公安机关刑事案件现场勘验检查规则》《法医病理学检材的提取、固定、包装及送检方法》《法医学物证检材的提取、保存与送检标准》《法医遗传学检材的提取、保存、送检规范》等规定进行。

各级公安机关刑事科学技术部门按照"谁主勘，谁负责"的原则对勘验和检查工作承担责任。工作中必须统一组织指挥，有计划、按程序、分步骤地进行，按照职责分工，相互协调配合。

在不影响勘验质量的前提下，应力求保持现场的原始状况。对现场较为复杂或勘验人员认为需要继续研究和复勘的现场，应予以全部保留或局部保留。

三、现场勘查指挥

（一）现场勘验技术指挥

现场技术勘验负责人要承担现场技术勘验的组织指挥，参加勘验检查现场，分析判断案情，提出侦查工作建议，对各类现场勘查材料、检验鉴定、现场分析、现场勘验检查信息填报、物证送检、保管和补充证据等技术工作负责。

刑侦总队刑事技术支队直接承办的案件，刑事技术支队值班支队长必须带队出现场，并担任现场勘查技术指挥。

分县局承办、刑事技术支队协助勘查或提供技术支持的案件，由刑侦总队担任现场勘查技术指挥，如值班支队长因故不能到场的，应指定主要办案科室领导承担现场勘查技术指挥职责。由刑侦总队提供单项技术支持的案件，由分局担任现场勘查技术指挥。

分县局承办的案件，现场勘查技术指挥由各分县局刑侦支（大）队主管刑事技术的副支队长、技术队长或副队长担任。

（二）痕迹勘查人员

刑侦总队刑事技术支队直接承办的案件，值班现场勘查组的主勘人带领至少一名痕迹勘查人员亲临现场。特别重大案件现场，启动专家支援勘查机制。

刑侦总队刑事技术支队协助勘查或提供技术支持的案件，由相关专业勘查骨干人员承担勘查任务。

（三）照相、录像、笔录、现场图制作人员

刑侦总队刑事技术支队直接承办的案件的现场勘查工作，应派照相人员参加勘查，由属地分局承担录像任务。

刑侦总队刑事技术支队协助勘查或提供技术支持的案件，可不派照相人员参加勘查。

现场笔录、图、照片的制作由参与勘查的分县局技术人员承担。现场笔录、照片的质量把关由材料制作单位技术指挥负责。

其他专业技术人员按照案件的类别、需求，安排理化检验、爆

炸检验、文件检验、电子物证等相关科室人员参加现场实地勘查。

四、现场勘查实施

（一）现场指挥人员职责

现场指挥人员职责主要包括在接报后，组织勘查人员快速赶赴现场；决定和组织实施现场勘查的紧急措施；制订和实施现场勘查的工作方案；对参加现场勘查人员进行分工；指挥、协调现场勘查工作；确定现场勘查见证人；审核现场勘查工作记录；掌握、协调侦查人员与辖区刑侦技术部门的关系及侦查与技术之间的信息沟通；组织现场分析；决定对现场的处理。

（二）现场勘查人员职责

现场勘查人员的职责主要包括到达现场后，初步了解案情及现场保护情况；实施现场紧急处置；发现、固定和提取现场痕迹、物证等；记录现场保护情况、现场原始情况和现场勘查的过程与所见，制作现场勘查汇报材料；参与现场分析；提出处理现场的意见。执行现场勘查任务的人员，应当使用相应的个人防护装置，佩戴帽子或者头套、手套、鞋套等，并佩戴现场勘查证。对于特别重大的案件现场，现场勘验、检查人员须穿着一次性防护隔离服。

（三）现场勘查的组织

了解现场情况，包括案件发生的时间、发现的时间、地点和经过，现场的原始情况和变动情况，现场保护的范围和措施，有关人员进出现场的情况。完善现场保护措施，现场勘查期间禁止一切无关人员进入现场保护区。巡视现场、熟悉现场周围环境，发现犯罪活动的出入口和来去路线，确定现场勘查的重点部位。技术指挥人员制订现场勘查计划，确定勘查顺序、范围和步骤。明确任务，由技术指挥人员对勘查人员进行分工。

（四）实地勘查

静态勘查：照、录像固定现场，即利用现场快速通行踏板进入中心现场，进行静态观察，初步判断案件性质、丢失物品，提取重要显性痕迹、物证；尤其是丢失手机的号码、可用于警犬追踪的犯罪嫌疑人遗留物品等，及时提供给相关部门以便快速布控、抓获犯罪嫌疑人。

动态勘查：现场勘查人员对现场各类原始情况进行检查、固定、记录；对各类可能的变动物品进行复原；特别注意发现、寻找作案工具、犯罪遗留物、翻动物、犯罪动作的关联物品等，详细手工填写《现场勘验检查工作记录》。

现场的外围搜索与追踪：现场勘验、检查中，应当对现场周围和作案人的来去路线进行搜索和追踪。

勘查中如发现嫌疑人遗留的物品，应做以下处理：

①对于有提供破案线索价值的物品应及时通知侦查部门。②若发现有可能直接认定嫌疑人的痕迹物证应在第一时间通过各种手段传输回本单位，以便及时进行查询。

（五）现场照相与录像

现场照相和录像必须将现场勘验、检查的全部过程全面地记录，其内容主要包括方位、概貌、重点部位及细目照相等。方位照片要显示出现场与周围环境的关系，以及一些永久的特殊标志；拍照时不得将勘查人员、家属及与发案现场无关的物品摄入镜头。细目照片必须放置比例尺，要准确地反映细目所在的位置。对一时不明是否与犯罪有关的客体，要本着"宁多勿少"的原则予以拍照、录像，防止出现遗漏现象。法医赶赴现场实施勘验鉴定，涉及生物或毒物毒品检材提取的，通知 DNA 室、毒化室分别派员参加。

（六）法医检验

法医部门在现场勘验时应遵循以下原则：以尸体为中心向外扩展；从外向内、从上向下；物证提取先固定（拍照）；提取的物证不得混装；提取器械不得重复使用；转移尸体严禁拖拉，应对尸体突出部分（头、手、脚等套上保护袋）加以保护。

现场尸体勘验主要包括尸体在现场的位置、姿势、与周围物体的关系；衣着及饰物情况（破损、脱衣、衣兜翻动）；尸体被包裹的，包括包裹物情况、各层间有无异物，捆绑、打结情况，以及上述物品生物检材与微量物证的提取；尸体、衣着上血迹分布情况（位置、类型、方向）及微量物证、生物检材的发现与提取。应特别注重对尸体、衣着表面、体表（乳头、口腔、鼻腔、外耳道、阴道、肛门、双手、指甲缝等）等部位可疑检材（斑迹、毛发、组织等）的发现与提取。案件中的缢索或尸体捆绑物上，要注意提取微量物证及生物检材。

枪击案件现场提取双手等附着物做射击残留物检验。火灾现场注意提取尸体上物品或组织做助燃剂检验。足底干净程度。此外，还应检验尸体的损伤情况（部位、类型、方向、大小、数量），有无呕吐、大小便失禁，尸温、尸斑、尸僵、角膜、球睑结合膜，未知名尸体的个体特征，以及还要提取尸体上苍蝇、甲虫、蝇卵、幼虫、蛹。

尸体周围现场勘验包括血迹（分区、编号、位置、类型、范围、面积、大小、角度、方向、干燥程度、血清析出面积、载体、腐败血水）；现场血迹的记录、分析工作由法医部门负责；现场痕迹勘查人员、照相人员协助进行记录工作，照相人员负责现场血迹拍照；可疑工具（名称、位置、特征、有无血迹）；可疑生物性斑迹、毛发及其他可疑擦拭物等（名称、位置、面积、干燥程度）；可疑药品；可疑器皿；可疑衣物；避孕或性工具；剩余饭菜；现场遗留枪支、弹头、弹壳、弹杯、霰弹丸；弹着点；卫生间毛巾、衣物干湿程度；时间标记物（报纸日期、钟表、电话记录、缴费单、罚款单等）；提取尸体下及周围甲虫、幼虫、蛹、蛹壳。

第三节 犯罪现场分析

现场勘查三大工作包括现场勘验、现场访问、现场分析。现场分析是在现场勘验和现场访问的基础上对案件进行分析研究，它可能发生在犯罪现场，也可能是在现场勘验和访问结束后，在侦查某单位进行。现场勘查工作结束后，现场勘查组组长应提请指挥决策组召开现场案情分析会。指挥决策组在决定召开会议的时间、地点及人员出席范围时应尽量让所有参战民警倾听现场勘验及尸体检验情况，并同步播放现场勘查图像资料。

一、现场分析的概念

现场分析，又称临场讨论，是指侦查人员在对各种现场材料进行汇集基础上，通过分析研究，对相关的问题作出推断，为深入开展侦查奠定基础的一项活动。

现场分析是对现场勘查的总结和检查，有助于发现现场勘查中存在的问题，提高现场勘查的水平。现场分析是制订侦查计划、全面展开侦查工作的前提，其质量的高低，直接影响着案件侦查的进程。现场分析是对犯罪现场的分析与研究，其有利于充分发扬民主，形成共识，提高集体的战斗力。

二、现场分析的任务

①汇集和研究现场材料；②分析判断事件性质和案件有关的情况；③检查现场访问和现场勘验的情况；④决定现场勘验后对现场的处理方案。

三、现场分析的步骤

（一）汇集现场材料

指挥决策组成员会议前必须实地勘查现场，获取现场的第一手信息，汇集现场材料，形成对案件初步、直观、形象的认识。

（二）鉴别材料真伪

刑事技术人员应力争在最短的时间内，将现场的原始照片、勘查录像送至专案组播放，使专案指挥员、参战侦查员及时、全面地了解、掌握现场情况。刑事技术部门除条件受限只能通过口头讲解的方式介绍现场情况以外，现场勘查情况的展示必须运用多媒体技术，用投影仪在专案组展示编辑过的现场影像资料。专案内勤组要及时将案件接报和当前各项工作的进度情况梳理汇总，并以一定方式公告全体参战民警。

（三）分析、判断案情，确定侦查方向和范围

召开现场分析会，会议一般由专案组组长或案发地公安机关参与指挥决策组的一名领导主持。负责接处警的民警介绍接处警

及初期处置情况。现场勘查工作组汇报现场勘查及法医检验情况。专案组其他各工作组组长依次汇报工作情况，并对案件性质、侦查方向、侦查范围、侦查措施等提出意见。专案组组长总结归纳会议情况，提出下一步工作要求。专案组组长分派侦查工作任务时，应当要明确任务要求和责任人员，并细化、具体化工作目的、要求、反馈时间与方式等。专案内勤应同步做好记录备查。

四、现场分析的内容

（一）分析判断案件性质

对案件性质的判断主要是指判断一个案件是刑事案件还是治安案件，或者并不是案件。简单的人员失踪是治安案件，但失踪人员疑似被侵害则为刑事案件。在出现尸体的现场，往往需要排除刑事案件嫌疑工作来确定是自杀、意外还是命案。对案件性质的判断都需要经过初步的侦查工作。

（二）分析判断犯罪时间

对犯罪时间的分析判断主要是指对犯罪行为人实施犯罪活动所经历的时间段及案件发生的时间点的分析研究。作案时间不是人们通常所说的某年某月某日或几点几分，它指的是实施犯罪活动所经历的时间段。对一个人的犯罪嫌疑是否成立，重要的根据是要看是否具备作案时间，只有具备作案时间才能成为嫌疑对象。当然这只是对亲自前往现场实施某种犯罪行为而言，如果是雇用犯罪则是另一回事。判明作案时间不单是对侦查过程中确定与否定嫌疑具有意义，对于部署追缉、堵截、缩小侦查范围、审查证人证言、甄别犯罪嫌疑人口供等也都具有十分重要意义。

（三）分析判断犯罪地点

对犯罪地点的分析判断，主要是解决发现犯罪的地点是否是主体现场。在多数情况下，这一问题无须进行分析判断。因为发现犯罪的地点即实施犯罪的主体现场；只有当案件有两个或两个以上的现场时，才必须判明发现犯罪的地点是否主体现场。如果不是主体现场，还需要进行查找。如果查获了主体现场，不仅可以发现更多的痕迹和物证，而且通过追查主体现场与某人的特定联系，常常可以及时发现犯罪嫌疑人。

（四）分析判断犯罪工具

犯罪工具是犯罪行为人在实施犯罪过程中使用的器具，有以下判断方式：依据对人体损伤的法医鉴定进行判断；根据现场的犯罪痕迹的特征进行分析判断；根据现场遗留的分离工具痕迹进行分析判断；根据现场的犯罪遗留物进行分析判断。

（五）分析判断犯罪活动的目的和动机

犯罪动机是指引起和推动行为人实施犯罪行为以满足某种需要的内心起因。犯罪目的是指行为人主观上通过实施犯罪行为所希望达到的结果。犯罪目的来源于犯罪动机又受行为人主体条件和外界环境因素的影响，犯罪目的引导犯罪行为，犯罪行为方式的选取与犯罪目的直接相关，它是犯罪目的实现的手段。在实际工作中，我们对犯罪现场重建后通过行为分析得出的结论是犯罪目的，而不是犯罪动机。

（六）分析判断犯罪嫌疑人的特征

对犯罪嫌疑人的特征分析主要包括作案人数、性别、个人特点和条件等。

作案人数的分析推断。判明一人或几人犯罪，对于确定侦查方向和侦查范围，以及寻找犯罪嫌疑人有重要意义。分析判断犯罪嫌疑人人数的依据，主要是事主、被害人和知情群众提供的情况，现场痕迹和尸体上的伤痕，失物的体积、数量和重量。不少案件现场上都能找到足迹、指纹，在排除了与犯罪无关的人留下的以后，可以根据足迹的大小不同，鞋印的花纹种类、特征，判断是几人作案；指纹比足迹鞋印更具有特定性，现场上千人或多人留下的指纹，也是判断犯罪嫌疑人人数的依据。对于犯罪嫌疑人性别的分析可以从犯罪工具的选择方面进行分析。在个人特点和条件方面主要包括面部特征、身高、体态、文化程度等。

（七）分析判断犯罪活动

犯罪活动情况，亦指犯罪嫌疑人实施犯罪行为的过程，其内容包括实施侵害前的预伏，侵入现场的部位、方法，在现场中心的活动顺序，犯罪后从什么地方逃离及逃离的方向、路线等。研究这些问题，对于分析判明案件的性质、确定侦查方向、范围和鉴别犯罪嫌疑人口供的真伪等，都有极其重要的作用。分析判断的依据，主要是现场上的痕迹物证、现场物质的增减变化、物品的位移及动乱迹象，事主、被害人、目睹人陈述的情况。

（八）确定侦查方向和范围——到哪里寻查犯罪行为人的问题

1. 确定侦查方向的依据

（1）以犯罪动机来确定侦查方向。

（2）以犯罪条件和犯罪行为人的个人特点确定侦查方向。

（3）以犯罪行为人的动向和行踪确定侦查方向。

2. 确定侦查范围的依据

（1）以犯罪时间为依据确定侦查范围。

（2）以犯罪行为人和犯罪现场的关系确定侦查范围。

（3）以犯罪行为人的穿戴、语言、遗留的随身物品确定侦查范围。

（4）以犯罪的手段、方法确定侦查范围。

案例 2 "7·04" 梁某某故意杀人案

一、案发经过

2011 年 7 月 4 日，在××市××区××庄××村绿化带东侧树林内发现一具裸体女尸。据报警人李某反映，2011 年 7 月 4 日 9 时 20 分许，其和钱某某在小树林内一空地乘凉时，在距空地约两三米的西侧树丛里发现一具腐烂的尸体，遂报警。

二、破案经过

（一）清晨发现裸体女尸，迅速成立专案组

2011 年 7 月 4 日 9 时 20 分许，李某报警称：在本市某绿化带东侧树林内发现一具裸体女尸。接警后，各级领导高度重视，果断成立由市局刑侦总队、分局重案组、技术队、十二总队、网络安全保卫总队、情报信息中心及分局派出所组成的专案组共同开展工作。

（二）技术法医有机结合，推断死者死亡时间

经勘查，现场位于××市朝阳区××庄×××村××高速×× 桥北绿化带东侧树林内。尸体位于距离路边 80.5 米的绿化带内的土坑里，尸体全身赤裸并且高度腐败，在尸体颈部缠有无外皮的网线内芯。

经法医初步检验，死因为机械性窒息；死者蓄长发，约 50

厘米，发色偏红，身高约 156 厘米，经耻骨联合检验推断死者年龄在 19 岁左右，上下两岁，左门牙向里歪，右手小指及无名指涂有浅红色指甲油，胃内容为空，应在饭后五六个小时以上遇害。依据尸体上蛆虫的生长速度推断死亡时间应在一周以内。

经访问报警人李某，侦查员得知，该区域来往人员复杂，其基本每天上午和下午都到此遛鸟，并且在 7 月 3 日下午来时就闻见了臭味。因此，专案组认为嫌疑人夜间抛尸可能性较大，同时结合现场离周边住户较远、地点偏僻且死者全身赤裸目标明显，专案组推断嫌疑人徒步抛尸的可能性较小，其应具有某种运输工具。

（三）多措并举展开工作，监控录像初见端倪

案发后多项侦查措施开展：一是在全市范围内查找近一个月的走失人口及疑似被侵害人员中与死者特征相符的人员。二是以现场为中心，针对附近单位、加油站、鱼池、苗圃、超市、学校、浴池、车站等信息采集地张贴征集线索告示，查找尸源。三是以现场为中心，查看案发前一周（6 月 27 至 7 月 3 日）所有通往现场的监控录像，查找可疑人员。

侦查员通过观看 13 号探头发现在 7 月 1 日凌晨 2 时 36 分有一男子骑着电动自行车后座驮着一人形包裹，由西向东方向骑去，并于 8 分钟后（2 时 44 分）由东向西返回，后座包裹消失。并且通过观看同时段林业站两侧的摄像头，未发现该人和车通过林业站门口。因此，专案组推断此人具有重大嫌疑。

（四）观看监控搜寻疑犯轨迹，化妆侦查确定疑犯身份

侦查员继续沿着可疑人员来的方向寻找监控探头，发现 6 个探头。针对这 6 个探头进行观看，力争找到嫌疑人踪影。在经过 30 多个小时的不眠不休，侦查员终于发现了犯罪嫌疑人 6 月 30 日到 7 月 1 日的影像，循线追踪确定嫌疑人落脚点位于现场附近的一出租大院，经反复对比、实地观测，专案组推断嫌疑人就住在这个大院内，为避免打草惊蛇，侦查员以"评选文明城区"为借口化装成区里检查流动人口的人员进入该出租大院，进行摸排。经工作得知，该大院房东为胡某某，其反映：该院共居住17户，近日有一男子突然离开，该男子有一辆电动自行车前边有一塑料桶当车筐，后座宽大。由于房东本人就住在院内，每月定时收租，并未对租房人员进行登记，只知道这名男子名叫"梁某某"，40多岁，××人。得此线索后，专案组立即利用公安部人口信息系统核实嫌疑人身份，经查找，该人名叫梁某某，42岁，身份证号：……，户籍地：……，后经工作得知该人在2008年人口普查时登记过一个电话：136××××××××。

（五）张贴告示获得线索，死者身份浮出水面

为查明尸源，侦查员利用走失人员系统查找尸源，年龄范围在15岁到25岁，自2011年6月1日至7月4日发现符合年龄条件的有211人，侦查员通过联系报警人及失踪人员直系亲属了解失踪人员特征逐一进行查证。

2011年7月6日12时许，专案组民警接到姜某某电话称，其女友毕某某走失，与本案线索征集上的死者特征基本相符。姜某某反映，二人是通过QQ认识，毕某某2个月前来到××，后从事卖淫活动，俩人共同居住在××村出租房内。6月30日晚上，俩人发生口角，姜某某去网吧上网，7月1日回家后发现女友不见。后经指纹比对，证实毕某某正是本案死者。

（六）合成作战寻找疑犯下落，连夜前往疑犯老家伺机抓捕

在得知死者真实身份和嫌疑人身份后，专案组分析此案件很有可能是嫖客与卖淫女发生纠纷，后被嫖客杀害并抛尸荒野的恶性案件。于是专案组再次利用监控录像查找嫌疑人踪影，并发现梁某某于2011年7月2日已搬离该出租大院，去向不明。专案组得知其很可能已经潜逃回老家，于是立即指派侦查员连夜前往嫌疑人老家伺机抓捕。后经蹲守，侦查员于2011年7月7日17时许将梁某某抓获。经讯问，嫌疑人梁某某交代，其以前去某发廊嫖娼时看见过从事卖淫的死者，7月1日0时许，梁某某溜达时碰见死者，二人商量好价钱后便回到梁某某暂住地进行性交易。但在交易过程中，二人因死者未完成性交易便要强行离开而发生争执，梁一怒之下用床单将死者勒死，后抛尸于绿化带的树林内。目前，嫌疑人梁某某已被依法刑拘。

三、该案侦查的成功之处

"7·04"故意杀人案经过全体作战民警的不懈努力得以成功侦破。在该案的侦破过程中，从领导到侦查员统一思想，上下一心，本着"命案必破，逃犯必追"的坚定信念。最终在案件侦破后，侦查人员对此案抽丝剥茧、解读辨析全过程，得到以下启示。

1. "四战"模式充分发挥效能是侦破此案的关键

由于该案件无目击证人、无嫌疑人DNA，侦破难度较大，专案组做好打持久战的准备，全面开展"合成战、科技战、信息战、证据战"。在此案的侦办过程中，监控录像起到了关键作用，通过长期细致观看监控录像，查找犯罪嫌疑人抛尸轨迹，充分体现了科技战在破案过程中的重要作用；通过查找失踪人口、进行征集线索等工作，充分体现了信息战的关键作用；通过与各单位的通力配合，充分展现了合成战在案件侦破过程中的实际效能；抓捕犯罪嫌疑人后，在犯罪嫌疑人家中找到死者生前使用手机，并在搬家后的新暂住地找到抛尸时所用的电动自行车充分发挥了证据战的支撑作用。

2. 全体侦查员鼎力攻坚、不言放弃是快速侦破此案的有力保障

在侦办案件过程中，主办该案的重案组充分发挥模范带头作用，以身作则率先垂范在命案侦查的第一线，极大地提高了队伍

凝聚力和战斗力，同时全体侦查员克服一切困难，忘我工作，始终抱有"命案必破"的决心，不向困难低头。因现场可由多条路到达，为防止遗漏重要线索，侦查员以现场为中心，360°向外围辐射，徒步调取每一个监控录像，查找嫌疑人踪迹。在无法判定准确案发时间的情况下，侦查员始终保持稳定的心态和坚定的信念，在大量的影像资料中进行认真查找，凭借超凡耐力突破瓶颈仅用三天侦破此案。

四、打防建议

1. 强化落实出租房流动人口登记制度

该案中嫌疑人案发时所居住的暂住地是一个出租房大院，房东胡××长期居住在该大院内，每月定时收租，却未对出租房客进行人员登记，这为该案确定嫌疑人身份带来了一定困难。建议相关部门和单位强化对出租房流动人口登记的制度落实，并完善相应的检查监督机制，对未按照规定执行的出租房东，严格追究法律责任，予以相关处罚。

2. 加大力度清理整治卖淫人员

卖淫女成为高危人群已是有目共睹的社会现象，对卖淫人员彻底清理整治，消除滋生犯罪的土壤才是预防卖淫女被杀案件的根本之策。特别是针对以发廊、歌厅为固定违法地点的坐店招嫖活动，各属地相关单位应加大监督管理力度，一经发现，及时处理，并对组织、强迫、引诱、介绍、容留妇女卖淫的违法犯罪人员，要依法严厉惩处。

3. 提高监控探头画面清晰度

该案中监控探头起到了关键性作用，通过观看监控录像，侦查员发现了嫌疑人7月1日凌晨外出嫖娼、带死者回家及杀人后抛尸的全部轨迹。同时结合嫌疑人6月30日白天的活动情况，专案组基本确定了嫌疑人的暂住地，为后期的讯问工作奠定了基础。但是，监控录像的画面并不清晰，无法通过监控录像准确描述嫌疑人特征，持续放大后嫌疑人的面部就会变成马赛克，建议提升监控探头的清晰度，将监控器上水平扫描线数提升到 600 线以上（如银行监控录像）。

五、该案对目前侦破卖淫女被杀案件的启迪

卖淫女逐渐成为命案高发人群。该案死者年仅 17 岁，辍学来到××市投奔网上认识的男朋友，后从事卖淫活动。虽然卖淫女所从事的服务，遭到世人的鄙视和唾弃，生活在社会的最底层，得不到应有的尊重，但是来钱快、省力气，也让许多年少无知的少女选择了这个赚钱的"捷径"。卖淫女工作时间特殊、居住环境混乱、接触人员复杂等原因，使得她们容易成为不法分子侵害的对象。

每年未破的命案主要集中在无名尸案件、抢车杀人案件、路人被杀案件和卖淫女被杀案件等疑难案件中。其中，卖淫嫖娼引发的命案占到较高比例。这类案件发案率高的原因在于，犯罪嫌疑人针对卖淫女作案时的风险较小而获利较大，从事边缘职业的卖淫女易成为犯罪嫌疑人攻击侵害的作案目标和诱发犯罪因素。此类命案由于其本身具有的诸多特殊性给侦破工作带来了很多困难。

卖淫女被杀案件难以侦破具有以下原因。

1. 卖淫女身份隐蔽，被害人身份难以确定

卖淫女的流动性很强，在日常生活中均使用假的姓名、地址、身份证，接触人员复杂，受到侵害后不敢报案，因此形成了公安机关难以查对核实，破案成本投入高，破案周期相对较长等诸多特点。

2. 被害人对犯罪过度容忍，报案率处于低水平

卖淫女自身从事非正当职业，担心公安机关的管理和处罚。

在现有的体制下，她们把警察理解为和她们对立的社会角色，于是对犯罪嫌疑人的行为采取了消极容忍的态度。这种竭力保密的心态，形成了心的犯罪嫌疑人在此入侵的契机。在此类案件中，一些侥幸逃脱的被害人甚至不愿意承认自己曾经被侵害，造成了案发后公安机关"找一个受害人比抓捕嫌疑犯都难"的状况，导致破案效率低，牵连受害人多。

3. 流动人口激增导致此类案件的发案率上升

随着流动人口逐渐成为影响社会稳定的一大因素，研究成果表明，流动人口的犯罪问题在全国犯罪总量中所占比例在1/3以上，并呈增长趋势。

4. 案件的因果关系难以探寻

与普通的杀人案件不同，这类案件往往没有明显的因果关系。卖淫女接触的人群具有不特定性和流动性，嫌疑目标很难锁定。

××案现场分析意见[1]

（一）作案地点、场所

现场位于××市××区××街××。周围为××，属于××。

（二）作案时间

作案时间为××××年××月××日××时至××时。

依据：尸体解剖胃内容物、尸僵程度及现场周边调查情况综合分析。

（三）侵害目标和损失

侵害目标：死者×××，×性，××族，××××年××月××日出生，身份证号码：×××××××××××××××××，籍贯：××省××市××县，现住址：××省××市××区××街××号，现在××市××区××街××号从事××××，损失××××。

（四）作案人出入现场的位置、行走路线

作案人出入现场通道为××，××进出。

依据：现场××，门锁××，××破坏。

（五）作案人数

作案人数为×人。

依据：足迹、指纹等情况。

---

[1] 依据《北京市公安局侦破命案工作规范》第五章 "现场勘查" 第十三条之规定，制作本模板。

（六）作案方式、手段和特点

临时起意（故意、蓄意）、就地取材（准备工具）、采用××手段。

依据：犯罪嫌疑人事先××准备作案工具……

（七）作案工具

作案发现位置、工具描述。

依据：根据死者……

（八）作案人在现场的活动过程

犯罪嫌疑人作案过程刻画。

依据：现场血迹、足迹、指纹等具体情况，需详细描述。

（九）作案人的个人特征和作案条件

1. 犯罪嫌疑人×性。

依据：现场勘查……

2. 是否熟人作案，犯罪嫌疑人××进入现场，与被害人有无矛盾冲突，后因××××杀人。

依据：……

（十）有无伪装或者其他反常现象

根据现场实地勘查分析，有无伪装现象。

（十一）作案动机和依据

作案动机××杀人。

依据：被害人××××、现场翻动××××、××××等物品丢失。

（十二）案件性质

××××案（××杀人）。

依据：

（1）××××。

（2）××××。

（十三）是否系列犯罪

××系列犯罪案件。

（十四）侦察方向和范围

（1）××××。

（2）××××。

（3）××××。

（十五）是否需要进一步勘验、检查现场

××进一步详细勘验、检查现场，希望在现场中有新的物证发现。

（十六）处理现场意见

暂时封存现场。根据案件中侦查进展情况需要：

（1）邀请市局复勘现场，希望进一步发现其他物证及并做出更详细准确的现场分析；

（2）以备抓获犯罪嫌疑人后，指认现场之用。

（十七）其他需要分析解决的问题

对中心现场及周边需进一步搜索，以待发现新的痕迹物证。

××××年××月××日

××市公安局××分局××××队

第四节　犯罪现场保护

犯罪现场保护，是指刑事案件发生后，为了使犯罪现场内的痕迹、物证免受破坏，由民警等有关人员对现场进行的封锁、警戒和对痕迹、物证实施的一系列保全、维护措施。犯罪现场保护是现场勘查工作中极为重要的一个环节，现场保护是否得力关系到现场勘查的质量和案件的侦破进展情况。在侦查实践中，最先到达现场的往往是派出所民警、巡逻民警等，他们并不是现场勘查人员，但他们第一时间对现场的处置和保护至关重要。犯罪现场保护技能是每一名警务人员的基本警务技能之一。

一、现场❶保护的概念

犯罪现场保护，是指刑事案件发生后，为了使犯罪现场内的痕迹、物证免受破坏，由民警等有关人员对现场进行的封锁、警戒和对痕迹、物证实施的一系列保全、维护措施。

二、现场保护的原则

（一）迅速及时原则

现场保护必须迅速及时，这是保护犯罪现场的首要原则。每个参加保护现场的民警都要树立强烈的时间意识，时间意味着能保全更多的犯罪痕迹、物证，时间意味着可以将犯罪所造成的危害降至最低。

---

❶　为表述简洁，如无特殊说明，本书所指现场即指犯罪现场。——编者注

（二）保护公民生命安全优先原则

刑事诉讼法的基本任务之一就是保护公民的人身权利、财产权利，公安机关作为执法机关，在保护犯罪现场过程中一定要以保护公民生命安全为第一要务，无论是被害人还是犯罪嫌疑人，现场上只要有人要受伤，都要尽力抢救。同时，在现场有险情尚未排除的情况下，要及时确定安全范围，设置安全警戒线，一方面阻止群众进入警戒线之内，另一方面要及时将警戒线以内的群众及时疏散出来。

（三）尽量保持现场原始状态原则

为了保护犯罪现场，公安机关要采取相应的保护措施，在实施过程中应时刻遵循"尽量保持现场原始状态"这一原则，其含义可用两句话概括，即尽量不进入犯罪现场，尽量不触动现场物品。当然在具体工作中也要灵活对待，如在必要时，进入现场和触动物品前应当将现场和物品的原始状态尽可能仔细地记录，在进入现场和触碰物品时应当尽可能不破坏犯罪痕迹。

三、现场保护的意义

（一）保护犯罪现场有利于查明犯罪过程和案件情况

犯罪现场通常是侦查员最早也最直观接触案件的地方，对判断事件性质起着至关重要的作用。现场上任何一点小小破坏性变动，都会造成犯罪现场不同程度的改变，从而可能给侦查人员对现场的分析造成严重的失误。因此，保护好犯罪现场，对勘查工作的顺利进行，正确判断事件和案件的性质，有着极为重要的意义。多数犯罪现场能够客观地反映犯罪行为人进行犯罪的整个过程。例如，从什么地点侵入，对什么进行了侵害，从什么地点逃离现场。通过勘查后，侦查人员就能对犯罪行为人在现场的活动情况有全面的了解。

（二）保护犯罪现场有利于收集与犯罪行为有关的痕迹、物证

在刑事案件侦查过程中，许多重要犯罪证据和线索都是在犯罪现场收集到的，如果现场保护得不好，犯罪的痕迹、物证（如犯罪行为人的足迹、手印、工具痕迹、交通工具痕迹等）就会遭到不同程度的破坏，无疑会影响到对现场犯罪证据的收集。

（三）保护犯罪现场有利于快速反应和采取紧急措施

犯罪现场上常有一些紧急情况发生，如有火情、爆炸、受伤人员等，需要进行紧急处置。如果现场保护得好，就不会出现慌乱和骚动，就能够保障良好的现场秩序，从而使现场处置得以正确、有效地进行。如果现场保护不足，导致围观群众过多，堵塞交通要道，则很可能发生救护车、消防车无法及时赶赴现场，致使人员得不到救助、火灾得不到控制等情况。不仅不利于案件的侦破，也会给被害人、社会造成更大的伤害。

（四）保护犯罪现场有利于保守勘查工作的秘密

由于现场勘查是一项重要的侦查措施，现场的情况和现场勘查的情况需要严格加以保密，一旦被犯罪行为人了解，其就会立即采取相应的反侦查伎俩，对案件的侦破是极为不利的。并且，对在审讯过程中甄别犯罪嫌疑人的口供极为不利。因此，保护好现场，禁止无关人员进入并将现场与围观群众隔离开，注意保守犯罪现场和勘查工作的秘密，是极其重要的。

四、现场保护的任务

由于大多数犯罪现场的情况比较复杂，围观群众较多，因此现场保护工作必须按照一定的步骤进行。其主要任务有以下几点。

（一）核实情况，迅速上报

基层民警接到报案后，应立即对报案群众进行初步询问，制作受理报案登记或记录。报案记录一般有统一的表格，其具体内容应包括：①何时、何地发生何事；②发生、发现时间及简要经过；③事主、被害人的个人情况及受到何种侵害，受侵害的程度；④犯罪嫌疑人的情况；⑤报案人的情况及与事主的关系。

接到报案后应立即赶赴现场，对报案人所述情况进行核实。如情况属实应立即向上级公安机关刑侦部门报告，请求派员勘查现场。刑侦部门本身接受报案的，核实后认为是犯罪案件，应立即进行现场勘查。

在赶赴现场后，首先到达现场的民警应注意以下三个问题。

（1）在现场核实情况时，不可随便进入现场中心。注意现场中心，是指犯罪现场的核心位置，比如尸体所在地，痕迹、物证的遗留比较密集地区，犯罪嫌疑人曾滞留的地域等。

现场勘查是一项技术性很强的工作，接报案的基层民警一般不具备此专业技术，因此，盲目进入现场中心，可能无意中导致现场的破坏，造成无法挽回的损失。核实报案人所述情况，一般在现场的外围进行观察即可，不需要救护、抢险的不要进入现场的中心部位。

（2）对严重暴力犯罪，应在初步询问后立即上报。严重暴力案件突发性强，危害蔓延迅速，所以处置的时间性要求极强，因此不能按部就班地进行核实后再上报，应当在问明基本情况后立即上报，以便上级部门抓住有利战机，进行及时的处置。如果严重暴力犯罪的案情比较明确，那么基层民警在接到报案之后就应当立即向上级报告。

（3）首先到达现场核实情况的民警要保持高度警惕，注意自身的安全。随着严重暴力犯罪的增多，犯罪现场保护工作的危险性也会日益增大。例如，有些犯罪行为人在作案后并没有立即逃离现场，而是藏匿在现场附近伺机对限期到达现场的民警实施暴力攻击；有的犯罪嫌疑人在作案后，在现场安置爆炸装置后才逃离现场；有的则是还没有来得及逃跑，与民警相遇并发生激烈打斗。

（二）划定保护范围，布置警戒（封锁现场）

保护现场最主要的措施是将现场封锁起来，划出一定的警戒范围，加以保护。在现场上担负保护任务的民警要根据现场内部状态和周围环境，划定保护区的范围。然后组织相应的力量，如基层民警、企事业单位的保卫保安人员、街道治保人员等在保护区周围设岗警戒，把犯罪现场封锁起来，禁止无关人员进入或滞留于现场。

（三）适时采取紧急措施

如遇现场有紧急情况发生，保护现场的民警就应立即组织力量，采取相应的紧急措施，进行正确的处置。例如，抢救现场上的受伤人员，排除险情、排除交通障碍，控制、监视仍在现场的犯罪嫌疑人等。民警在进行紧急处置时，如需对现场的物品等进行变动，则要尽可能减少对现场原始状态的破坏，在变动现场前要对现场的原始状况进行记录，记录应根据具体条件采用文字、照相、绘图或者录像的方式进行。

（四）进行初步调查访问

担负现场保护工作的民警在做好警戒任务的同时，要抓紧时间，充分利用案件知情群众、报案人、现场发现人对案件情况记忆犹新的有利条件，进行调查访问，收集发案前后的各种情况，排除犯罪嫌疑人的情况，并应及时登记在场的有关证人。民警在对有关人员的初步访问与正规的现场访问相比，在重点和内容两个方面都有所区别。现场保护阶段的初步访问的重点主要包括两个方面：一是要进一步查清发现现场的过程及现场的变动情况；二是要将与犯罪现场有关的证人的基本情况固定下来，问清其姓名、住址、工作单位、联系方式等。

（五）向侦查人员提供发现案件及保护现场的情况

当侦查人员到达现场后，担任犯罪现场保护的民警应当将前期了解到的有关案件现场的情况及对现场进行保护的情况，向侦查人员作详细汇报。汇报内容应包括案件发生、受理报案、保护现场的时间；案件发生、发现的经过及与案件有关人员的情况；现场保护前的情况及采取的保护措施；现场发生变动、变化的情况。

五、犯罪现场中痕迹、物证的保护方法

（一）痕迹、物证在勘查前的保护

（1）标示保护法。

标示保护法指在发现有痕迹、物证处用粉笔等工具将痕迹、物证圈画起来，加以标示的方法。这种方法通常用于对现场外围痕迹、物证的保护。

（2）记录保护法。

记录保护法指在保护现场过程中，由于抢救人命、扑灭火灾的需要，而必须移动现场物品时，将移动前现场的状况详细记录下来的方法。记录的方法比较多，一般可使用文字、绘图、照相和录像等方法。

（3）遮盖保护法。

遮盖保护法指在气候发生变化的情况下，为了避免现场上痕迹、物证受到破坏，用洁净的遮盖物对痕迹、物证加以遮盖的方法。

（4）转移保护法。

转移保护法指为了避免环境因素的变化导致现场上痕迹、物证受到破坏，而将痕迹、物证进行转移、提取的方法。比如，为了抢救伤员、扑灭火险，必须对现场的原始状态进行改变时，负责保护现场的民警将一些可能留有犯罪痕迹的现场物品移动到安全处所进行保护。

（二）痕迹、物证在勘查过程中的保护

（1）勘查人员在进入现场前必须戴手套，套上一次性鞋套，戴上帽子或者头套，戴上口罩。

（2）禁止使用现场内的任何物品和交通、通信工具。

（3）禁止在现场吸烟、进食、吐痰和使用现场内的盥洗室。

（4）非法医不得随意触动尸体和改变尸体的姿势。

（5）移动或触动现场内的物品进行观察和研究时，尽量选择一些非常规的着力点，如桌子的边沿、物体的棱角处、门的上缘、杯子的外侧等。

（6）在提取痕迹、物证时不能打喷嚏、咳嗽，最好戴口罩。

（7）勘查人员进入现场后，应当按照既定的顺序进行勘验，

尽量避免多次反复进出现场。

（8）每种痕迹、物证必须单独收集和包装，避免痕迹、物证发生交叉污染。

（9）为了便于需要时查明现场中的痕迹是否在现场勘验中受到污染，应对曾直接接触过痕迹、物证的人员进行登记，形成名册。

（10）证据提取、包装、运送的每个环节的交接过程必须环环相扣，人人签名。

六、现场保护人员和勘查人员自身的防护要领

根据目前的医学科学知识，参照医务人员的建议，无论基层民警在现场保护的过程中，还是勘查人员在现场勘验的过程中，都应当注意对自身的防护，尽量使民警和勘查人员在执行任务时把遭到意外感染的危险性降低至最小。

1. 勘查开始之前的自身防护要领

（1）树立鲜明的防护意识。对于存在血液和体液的现场，应将所有的血液和体液，无论干湿，都视为具有传染性，保持高度警惕。

（2）注意自己皮肤上的伤口，在工作前用无渗透性的绷带将所有伤口全方位地小心包好，当绷带变脏时，应立即更换。

（3）当从事可能会沾上血液或体液（如搬运伤员等）的工作或勘验存在感染危险的现场时，进入现场前必须穿戴上下一体的工作服和一次性鞋套，必须戴上乳胶手套、面罩和护目镜，对可能会吸入有毒气体的现场，还应当戴上防毒面具。

2. 勘查过程中的自身防护要领

（1）在现场内避免用手接触脸部。

（2）工作时一旦脸或手沾到血液或体液，应立即用稀释的

漂白剂清洗，再用酒精或肥皂及流动的洁净水冲洗。

（3）收集液态血、体液、干血迹、沾血物证和尸体时，应使用双层手套，戴医用外科口罩和护目镜。

（4）在现场勘验过程中要注意提防尖锐或破裂的物体，对所有的针头、注射器、刀片及其他尖锐器具，都要保持高度警觉，在收集时将其放入不会被刺破的容器内。

（5）不可盲目用手摸索眼睛看不到的地方，如果必须要这样的话，应戴上具有防护功能的特制手套。

3. 勘查结束后的自身防护要领

（1）在现场勘查结束后，每个勘查人员都应当用稀释的漂白水、肥皂和流动的清水洗手。

（2）对沾染或可能沾染具有传染性体液的一次性的防护用具，应采取稳妥的方法及时予以销毁或在适当的场所予以深深掩埋。

（3）对于任何遭污染的衣服、鞋子、器械、容器都应进行彻底消毒，必要时将其销毁。

此外，在勘察过程中，还应采取措施避免来自犯罪行为人的直接攻击，避免遭受来自现场潜在危险因素的危害。对此，《公安机关刑事案件现场勘验检查规则》第 26 条和第 27 条分别作了明确规定。《公安机关刑事案件现场勘验检查规则》第 26 条规定："勘验、检查暴力犯罪案件现场，可以视案情部署武装警戒，防止造成新的危害后果。"第 27 条规定："对涉爆、涉枪、放火、中毒、放射性物质、传染性疾病、危险场所等可能危害勘验、检查人身安全的，应当先排除险情，在保证勘验、检查人员人身安全的前提下，再进行现场勘验、检查。"

第三章

侦查措施

第一节 摸底排队

摸底排队是侦查人员根据对案情的分析判断，在一定范围内对可疑人、事、物逐个进行核查，发现侦查线索、犯罪嫌疑人并排除与案件无关人员嫌疑的侦查措施。通过摸底排队可以发现犯罪嫌疑人，可以发现侦查线索，可以发现和收集证据，可以广泛收集刑事犯罪情报。

摸底排队是一项比较传统的侦查措施，在命案侦查等重特大案件侦查中，发挥了重要的作用。但近年来，随着社会生活和犯罪形势的变化，摸底排队应用越来越少。摸排技能也逐渐退出警察培训技能。尽管如此，摸底排队在一些大要案中依然起着不可取代的作用，为侦查破案和寻找线索发挥着不可比拟的作用。

信息化时代网络摸排进一步推进了摸底排队侦查措施的发展。

一、摸底排队的概念

摸底排队是指在案情分析的基础上，侦查人员根据刻画的犯罪条件和犯罪嫌疑人的个人特征，在一定范围内，依靠基层组织和网络信息化手段查找犯罪嫌疑人的一种专门调查方法。

摸底排队是刑侦工作中最为基础的侦查措施之一，也是每一名侦查员所必须掌握的一项工作技能。虽然各种科技手段在案件侦查中已被广泛应用并取得明显的效果，但是摸底排队作为一项传统的侦查措施在众多现代侦查技术及手段中仍然占据极其重要的地位，尤其当有的案件不具备使用技术侦查、信息化侦查手段条件的时候，摸底排队这一传统侦查措施就更能够体现其价值。同时，随着刑事犯罪的不断升级及公安信息化建设的不断完善，传统的"登门入户"式的摸底排队工作也有了新的发展。在侦查实践中，如何将传统的摸排工作与现代的信息技术相结合，是发挥这一传统侦查措施效能的关键。

二、摸底排队的条件

摸底排队的实施需要两个前提条件：一是必须要有适当的侦查范围，不能大海捞针。侦查范围可以是某个行业内、某个行政区域，也可以是某种特殊身份的人群。侦查范围越大，摸底排队的工作量就越大，就越有可能出现遗漏情况。侦查范围越小，摸底排队就越能有的放矢。二是必须要有一定的嫌疑根据。所谓嫌疑根据，是指能够指向犯罪嫌疑人或其行为的案件构成要素。摸底排队前确立的嫌疑条件越充分，摸底排队的效率就越高，重点犯罪嫌疑人的确立也就越准确。

具体地说，实施摸底排队应判断是否具备有如下条件。

（一）是否具备作案时空条件

时间和空间均具有唯一性和排他性，即人在特定的时间内只能在一定的空间进行活动。因此，是否具有作案时间，发案时间是否到达过犯罪现场，是判断一个人有无作案嫌疑的重要依据。被排查人如果没有作案时间或发案时间未到过犯罪现场，一般情况下可以作为排除犯罪嫌疑的依据。但是，雇用杀人案件，使用科技手段遥控、延时发生的犯罪，使用计算机设计程序等进行的犯罪往往不受这项条件的制约。此外，在摸底排队中，要特别警惕犯罪嫌疑人在作案时间上制造种种假象的情况。

（二）是否具备作案动机条件

犯罪动机是指推动犯罪嫌疑人实施犯罪行为的内心起因。刑事案件是犯罪嫌疑人出于一定动机，为达到一定目的，采用一定手段故意实施的犯罪活动。例如，杀人、盗窃、抢劫等案件，犯罪嫌疑人往往出于私仇报复、图财等动机。排查犯罪嫌疑人是否有作案动机是摸排的一个重要条件。

（三）是否具备作案工具条件

犯罪嫌疑人作案时，往往会使用一定的工具，如破坏工具、交通工具、杀人凶器等。这些作案工具在生产、使用、作案中会反映出犯罪嫌疑人从事的职业和体能、技能等特点，所以作案工具也是摸底排队的一个重要条件。

（四）是否具备犯罪嫌疑人的个人特征条件

强奸、抢劫、诈骗案件，被害人与犯罪嫌疑人往往有较长一段时间的正面接触，了解犯罪嫌疑人的体貌特征，包括年龄、性别、身高、体态、口音、面部疤痣、穿着打扮等。有些案件可能会有见证人、视频监控图像和知情群众。另外，通过案情分析，侦查人员对犯罪嫌疑人的特殊技能、职业特点、性格特征等也会有一定程度的认识，犯罪嫌疑人这些特殊的个人特点在日常生活中又是难以隐藏的，因此，犯罪嫌疑人的个人特征是摸底排队的一个非常重要的条件。

（五）是否具备形成现场痕迹、物证的条件

物质交换原理表明，犯罪嫌疑人只要作案，就必然会在现场留有相应的痕迹、物证。犯罪形成的痕迹、物证能够反映作案工

具、犯罪嫌疑人的某些特征，因此也是摸排犯罪嫌疑人的重要依据。通过刑事科学技术，对一些痕迹、物证可以作出同一认定，所以痕迹、物证不仅是摸底排队的条件，也是直接认定被排查人是否是犯罪嫌疑人的依据。

（六）是否具备知情条件

对于侵财类犯罪，犯罪嫌疑人作案后往往会持有赃款赃物，而各种赃款都有自身的特征。犯罪嫌疑人在获取赃款赃物后会以销售、变卖、挥霍享用等方式处置，在这个过程中赃款赃物会有不同程度的暴露，因此能够成为摸底排队的重要条件。在一些案件中，犯罪嫌疑人的作案过程反映出具有顺利进入现场、准确地接近作案目标、作案时机选择准确、了解被害人的活动规律等特征，这些特征往往表明犯罪嫌疑人对侵害对象知情知底，犯罪嫌疑人正是利用了这种知情知底的便利条件顺利完成了犯罪。一般情况下，犯罪嫌疑人如具备知情知底条件往往与被害人等侵害对象存在一定的关系，如犯罪嫌疑人是被害人的亲属、朋友、熟人，曾经在被侵害单位工作、实习而熟悉现场及周边环境。当然，在有些案件中，犯罪嫌疑人在作案前经过了精心准备，如踩点窥视、观察、打探等，其作案过程也可能反映出知情的特征，侦查人员应注意综合分析其他情况予以区分。

（七）是否具备活动轨迹条件

犯罪嫌疑人在作案前的预谋阶段、作案时的实施阶段及作案后的毁证逃匿阶段往往身处不同地点，犯罪嫌疑人在这些不同地点间移动就会形成特有的活动轨迹。随着信息技术的普及应用及公安信息化建设的不断完善，犯罪嫌疑人的活动轨迹信息会被相关的信息系统自动记录，如记录犯罪嫌疑人手机移动轨迹的基站信息、记录犯罪嫌疑人上网的 IP 地址信息、记录犯罪嫌疑人所使用车辆行驶轨迹的交通卡口信息、记录犯罪嫌疑人住宿的旅店管理信息等。由于这些信息都与特定的时空信息相对应，能够客观、清晰地反映犯罪嫌疑人的活动轨迹，因此犯罪嫌疑人活动轨迹信息已成为当前摸底排队的重要条件之一。

（八）是否具有案前案后的反常表现

犯罪嫌疑人在作案前为准备犯罪，在作案后由于获取了大量的赃款赃物或者企图销毁罪证逃避打击，往往会有一些反常表现。如在报复社会的爆炸案件中，犯罪嫌疑人在作案前往往有一些反社会的言论，有购买、制作作案工具等准备行为；在侵财类案件中，案发后犯罪嫌疑人由案发前的穷困潦倒突然变得出手阔绰；在杀人案件中，犯罪嫌疑人出现案发后不辞而别，突然离开案发地或者突然清洗大量衣物、粉刷墙壁、更换家具等反常表现。这些反常表现也可作为摸底排队的重要依据。

（九）是否具备前科劣迹条件

在一些重特大的系列案件中，犯罪嫌疑人往往是受过打击处理的犯罪嫌疑人，是否具备前科劣迹也是摸底排队的重要依据和条件。此类案件常常表现为作案前计划周密，作案时间短，作案手法老练、凶残，在犯罪现场遗留的痕迹、物证较少并多有伪装，作案后迅速逃离现场等特点。因此在摸底排队工作中，根据案件情况要着重对具有前科劣迹的人员结合其他排查条件进行重点调查。

除上述基本的、常见的摸排条件以外，根据具体案件情况，展开摸排的条件和依据还可能有心理变态条件、特殊嗜好或心理需求条件等。例如，在系列性侵害犯罪案件中，犯罪嫌疑人选择特定衣着、外貌或特殊职业、身份的被害人，或使用特殊手段、方法伤害、虐待被害人身体，这类典型的反常心理特征也可以作为摸底排队时的依据和条件。上述摸底排队的条件和依据，在具体案件的侦破中往往只是具备其中的一部分，有些案件可能多一些，有些案件可能少一些。显然，摸底排队的条件和依据越多、越充分，摸底排队的效果就越好。

三、摸底排队的范围

摸底排队的范围是指侦查机关发现和查找犯罪嫌疑人的区域。

（一）摸底排队范围的内容

从横向上看，摸底排队范围包括地域范围和人员类型范围。地域范围指犯罪嫌疑人的居住范围；经常活动的范围；某类物品的销售、使用范围；最容易发生某类犯罪的区域范围等。人员类型范围是指犯罪嫌疑人的职业、技能、能够接触或取得某物品的人员范围；有某种特殊经历或犯罪记录的人员范围；知情人员范围或有某种因果关系的人员范围等。

从纵向上看，摸底排队范围包括犯罪嫌疑人的居住、活动范围；犯罪嫌疑人的工作单位、职业及犯罪嫌疑人的性别、年龄等个人特征等。

（二）确定摸底排队范围的根据

1. 根据现场位置确定

有些案件的犯罪地点与犯罪嫌疑人平时的生活、活动有着这样或那样的内在联系，有的联系甚至十分紧密和明显。因此，在确定摸底排队范围的时候，要以现场为中心向外辐射，尽量将与现场所在地有联系的地区和部位纳入摸底排队范围。

2. 根据案件的性质确定

案件的性质能够反映出犯罪嫌疑人与被害人之的联系，能为确定犯罪嫌疑人提供依据。比如，报复寻仇的杀人案件，摸排队的范围应划定在与被害人有仇怨关系的人中。再如盗窃案件，如果是内盗案件，摸底排队的范围应该划定在单位内部或财物管理人员中，范围相对小一些；如果是外盗案件，摸底排队的范围就应该划定在社会面上，范围相对大一些；如果是内外勾结的盗窃案件，就应该将被单位内部和社会面统筹考虑。

3. 根据犯罪嫌疑人的作案手段，作案工具和现场遗留的痕迹、物证确定

犯罪嫌疑人的作案手段、作案特点和现场遗留的足迹、指纹及其他遗留物，能反映出犯罪嫌疑人的个性特点、职业特点、心理特点、特殊技能等，有的还能反映出是惯犯还是偶犯、是流窜犯还是本地人实施的犯罪。例如，现场上撬锁的痕迹零乱且不熟练，现场翻动部位较多，而且留有比较多的痕迹，有一些放在明显位置的财物却没有拿走，那么很可能是初犯；相反的，如果现场痕迹、物证少，从撬门扭锁等痕迹上看手法熟练，翻找财物时比较沉着，那么惯犯的可能性就大一些，应该从有前科劣迹的人员中摸底排队。

4. 根据犯罪嫌疑人是否熟知现场情况确定

分析犯罪嫌疑人对作案目标、被害人的经济情况、活动规律和周围环境等是否熟悉，以及由此反映出的犯罪嫌疑人与被害人的关系如何、是否熟人，可以据此确定摸底排队范围。

四、摸底排队的实施

摸底排队工作大约要经过普遍排查和查证核实两个阶段。

（一）普遍排查

普遍排查是指按照摸底排队的条件，在已划定的范围内，逐个排查具有犯罪条件的人，从中发现犯罪嫌疑人。

1. 公布案情，发动群众提供线索

公布案情，发动群众提供线索，是摸底排队工作常用的一种方法，也是专门工作与群众路线相结合的具体体现。公布案情要遵循有目标、有控制的原则进行。有目标就是要在明确的摸底排队范围内公布案情，要有明确的针对对象，是要查找与被害人有矛盾仇怨关系的人、有反常表现的人，还是要查找有某种特殊工具的人等。有控制就是要控制好公布的内容，不要泄露国家秘密、个人隐私，也不能暴露侦查秘密，妨碍侦查的顺利进行。公布案情要及时，要在案件发生不久，群众记忆比较清晰、深刻的时机进行。

2. 通过检索犯罪情报资料排查犯罪嫌疑人

对于惯犯和累犯等有犯罪记录的，或者是系列案件，可以利用犯罪嫌疑人的体貌特征、作案手段、作案特点、作案时机、侵害对象、活动区域等条件，进行资料检索或照片辨认排查犯罪嫌疑人。

3. 实施网上摸排

网上摸排指侦查人员利用网络信息资源，将工作中获取的可能与犯罪有关的人、事、物等要素通过网上检索、比对、分析等方式，寻找与该要素有联系的要素集，再将各个涉及案件的要素串联成一条相互能够印证的信息链，进而缩小侦查范围，寻找破案线索，排查犯罪嫌疑人或关系人的应用方法。

（二）查证核实

通过发动群众，侦查人员和基层公安人员要采取定人定事、分片包干的做法进行摸底调查。这一阶段的工作内容就是收集线索和核实线索，具体说就是收集线索、查证线索、边收集边查证，通过对各条线索的逐一查证，达到暴露犯罪嫌疑人的目的。

基层公安组织了解居民和职工的基本情况，因此基层公安组织有进行摸底排队的有利条件。案发后，侦查人员要向这些组织的人员介绍案情，交代摸底排队的内容、条件和任务，实行分片包干，在本辖区、本单位内部按照摸底排队条件逐户、逐人进行摸底排队，以发现嫌疑对象。

案例3　"10·02"任某某、刘某某抢劫杀人案

2012年10月2日××小区住户李某某（女，69岁，内蒙古自治区包头市人）被害身亡。

一、案发情况

（一）接报警情况

据报警人孙某某（男，56岁，本市人）、侯某某（女，31岁，内蒙古自治区包头市人）反映：2012年10月1日二人先后接到孙某某朋友、侯某某哥哥侯铁鹏（化名）（男，38岁，内蒙古自治区包头市人）电话称岳母李某某现独居在侯家，且近日失去联系。二人遂于当晚22时许相继前往侯铁鹏住所小区查看，经联系开锁公司技术打开侯家防盗门门锁后，二人进入房间发现李某某已经死亡，室内有翻动情况，遂报警。

（二）死者基本情况

死者李某某，女，69岁，现住址：××小区，无业。

（三）现场勘查情况

现场位于××小区。室内为两室一厅一厨一卫结构，门系防盗门，现场门窗均完好，无外力破坏痕迹。中心现场位于北侧次卧室内，死者头北脚南仰卧于该房间西北侧的双人床上，身上盖有棉被，衣着完好，左脚穿灰粉格子布鞋，右脚未穿鞋。在该卧室外过道处提取到另一只布鞋。在南侧主卧室内可见明显翻动痕迹，该房间的衣柜柜门呈打开状，梳妆台的抽屉均被打开，双人床上可见 2 个被撕扯过的"玉溪"牌空烟盒及若干个空的首饰盒。

另在北侧卧室内侧门把手及主卧室内香烟盒上提取到多枚可疑指纹。

（四）法医初步检验情况

经法医初步检验，尸体双眼睑、左侧舌骨大角及双肺可见出血点，空胃。推断被害时间为餐后 4 小时以上，致死方式为闷堵口鼻，死亡原因系机械性窒息，死亡时间约 2 天。

二、工作情况

（一）访问情况

据孙某某反映：2012 年 9 月 27 日，其驾车载朋友侯铁鹏、武某（女，35 岁，内蒙古自治区包头市人）夫妇及侯某某、武某某之子（6 岁）至机场，送三人乘机前往香港旅游。9 月 29 日 8 时许，孙某某接到侯铁鹏电话，让其驾车到××小区取公司公章，当时李某某在侯家楼下将公章交给孙某某。8 时 30 分许，孙驾车返回，将公章交还李某某。

据死者女儿武某、女婿侯铁鹏反映：李某某于 2012 年 8 月 22 日来本市，人际关系简单，与他人无矛盾纠纷。经清点，发现丢失物品为 1 部"三星"牌直板手机、1 台"联想"牌笔记本电脑（黑色，具体型号不详）、1 个"天翼"3G 上网卡、1 个蓝底白花购物袋、主卧室梳妆台抽屉内的 1 块"浪琴"牌女表（价值约 9000 元人民币）及部分金银首饰等物。

（二）技术比对情况

经技术比对，现场香烟盒上提取到的指纹与违法犯罪前科人员荣某某（男，26 岁，黑龙江省齐齐哈尔市人）的指纹认定同一。荣某某共被公安机关处理过两次，分别为 2007 年因寻衅滋事被东城分局刑事拘留，2009 年 11 月 5 日在发放售楼小广告时，被当地派出所警告。荣某某两次被处理时所捺印的指纹不符，其中，现场提取到的指纹与 2009 年提取的指纹同一。

（三）荣某某专项调查情况

经对荣某某进行调查，该人称曾于 2008 年来本市务工，应聘为××地产公司销售代表，负责发放售楼广告。荣入职时曾将身份证交予公司进行登记，此外从未丢失、补办、借出过身份证，也未向他人透露过身份信息。荣曾于 2007 年因寻衅滋事被东城分局刑拘，羁押于东城区拘留所，此后未再受过公安机关处理，并于 2009 年 2 月离职返回原籍。经技术比对，荣某某本人指纹与东城区拘留所采集的指纹认定同一，与在现场所提取的指纹不符。

三、案情分析及工作部署

根据现场勘查、法医初步检验及前期工作情况，专案组分析认为，该案系一起抢劫杀人案，推断嫌疑人曾在××地产公司工作，且冒用过荣某某身份。根据上述情况，专案组制定以下工作。

（一）技术法医工作

由技术、法医部门对现场提取的痕迹物证及生物检材进行检验。

（二）查看、调取监控录像工作

调取观看案发小区内及周边监控录像，注意发现可疑情况。

（三）走访工作

对案发小区进行摸排访问工作，注意发现案后离开人员。

（四）××地产公司专项调查工作

调取××地产公司 2009 年下半年在职员工名单，重点查找荣某某关系人及可能接触过荣某某身份信息的人员，对上述人员进行逐人定时定位。

四、破案经过

该案适用摸排，经对××地产公司 2009 年下半年发放过售楼广告的员工逐一进行排查，结合小区走访情况，发现任某某于 2009 年 9 月在××公司任销售代表，案发前与刘某某共同租住在××小区地下室，后二人于 2012 年 9 月 29 日晚离开。

经调取观看小区监控录像，发现 2012 年 9 月 29 日 13 时 30 分，疑似任、刘的两名男子携带一手提包，由××小区 35 号楼方向步行回 32 号楼，期间二人形迹可疑，且该手提包特征与现场丢失的购物袋相似。专案组确定任、刘二人有重大作案嫌疑。

经审讯，犯罪嫌疑人任某某、刘某某初步供述：2011 年 9 月，任在××地产公司任销售代表时，从销售组长高某（男，具体情况不详）处获取"荣某某"的身份信息，后于 2011 年 11 月被派出所警告时冒用该身份信息。任、刘二人于 2012 年 3 月在××市救济服务中心做保安时结识，后共同租住在××小区 32 号楼地下室。因当时经济拮据，且二人认为该小区 35 号楼×单元××室所居住的人员经济条件较好，遂预谋进行抢劫，并于 2012 年 9 月前后多次到现场楼道内观察该户情况。2012 年 9 月 29 日 7 时许，任、刘发现××室内仅有一名老年女子独自在家，遂预伏在二楼楼道内，12 时许该女子外出回家开门时，二人尾随其进入××室内，并将其推倒在过道处进行殴打，因该女子反抗并呼救，二人遂扼住其颈部，确定其已死亡后将尸体抬至北侧卧室床上，并用被子覆盖。后二人在室内进行翻动，抢走1部手机（黑色，具体型号不详）、1块女式手表、1台黑色笔记本电脑、1个"天翼"3G上网卡、1个相机、1个电子相框、2把汽车钥匙、4盒"玉溪"牌香烟、3000余元人民币现金、若干首饰及一本姓名为"武某"的驾照，将上述物品装入一蓝色购物袋内带走。在逃离现场后，二人将2把车钥匙扔在小区西南角墙下，随即返回暂住地。当晚任、刘即搬离，后任于2012年10月13日乘坐火车前往惠州，在××天地商场停车场做保安员，刘于10月23日来本市，经技术比对，任某某指纹与现场香烟盒上所提取指纹认定同一。

第二节　调查访问

调查访问，又称询问，作为一项刑事侦查的基础性措施，在刑事侦查工作中发挥着极为重要的作用。它是侦查工作中最基本、最常用的措施之一。它贯穿于侦查破案的始终，从审查立案材料到分析判断案情、从发现嫌疑线索到审查重点对象、从查清案件事实到获取犯罪证据等各个环节都离不开调查访问。

调查访问、询问、讯问、现场访问、走访调查等都是刑事侦查中关于"问"的侦查措施。现场访问侧重于侦查人员在首次到访现场后的访问工作，调查访问、询问讯问、走访调查则贯穿于整个侦查过程中。但无论哪种方式都是侦查人员在实践调查中通过问话的方式开展的一项侦查措施。

一、调查访问的概念

调查访问，又称调查询问，指侦查人员以查明案件事实、收集证据、揭露和证实犯罪为目的，采用公开或秘密的方式，就与案件有关的人、事、物等向有关人员和知情群众进行询问的一项专门调查活动。调查访问是侦查员按照专案组的具体要求，在划定范围内，向有关人员了解、查证与案件相关的问题并从中获取线索的一项专门的侦查措施。

对证人、被害人的调查访问是查明案情、揭露和证明犯罪的重要侦查行为。证人、被害人分别是案件事实的见证者和当事人，证人证言和被害人陈述是刑事诉讼中最普遍的证据来源之一；几乎任何案件的侦查都要询问证人；凡有被害人的案件也都要询问被害人。

二、调查访问的任务

调查访问的根本任务是查明案情和揭露、证实犯罪。

（一）查明案情

调查访问的首要任务是查明案件的案情。认识案情是开展侦查活动、查明案件事实的前提。侦查人员对案情的认识，主要来自现场的实地勘验、侦查实验和调查访问。没有条件勘查现场或现场勘查价值不大的案件，如扒窃案件、诈骗案件，调查访问则成为查明案情的重要途径。对案情的认识和逐步深化，离不开调查访问；调查访问有助于侦查人员全面、正确地认识案情，加快侦查工作的进展。

（二）发现和甄别嫌疑线索

对有关人员进行调查访问是发现和甄别嫌疑线索的主要方法之一。侦查人员在调查访问中应注意从以下几方面情况入手，发现和甄别嫌疑线索：①案件发生前的反常情况，或者可能与案件有因果关系的情况；②案件发生时的特殊情况；③案件发生后的反常情况，或可能与犯罪活动有关的情况等。

（三）收集和审查证据

调查访问中，侦查人员应注意发现并认真审查与案件有关的证据。就刑事诉讼法中规定的其中证据来说，证人证言和被害人陈述等证据，需要通过调查访问加以收集；同时，根据被访问者提供的线索可以获得书证、物证等证据材料。

（四）查缉犯罪嫌疑人

随着侦查工作地不断开展，究竟是谁具有作案嫌疑会逐渐明朗，侦查人员需要随着线索、证据的增多而逐渐调整侦查思路，采取一定的强制措施。但犯罪嫌疑人为逃避打击，往往闻风而逃，侦查人员可以通过调查访问，如访问犯罪嫌疑人的亲友、邻居或同事，了解犯罪嫌疑人可能逃匿之处，将其缉获归案。

调查访问工作要坚持客观、及时、全面、深入、细致的原则。凡是可能了解案件有关情况的人员（报案人、发现人、被害人、关系人、知情人、见证人等）都应及时进行调查访问。对于因果关系一时不明、疑难程度较大的命案，要在侦查初期及时投入包括重案队、责任队、其他侦查专业队和派出所等警力在内的足够警力开展走访排查，确保在案发后的第一时间全面掌握与案件相关的基本信息。

三、调查访问的法律规定和程序

调查访问，又称询问，是一种法律性侦查行为，必须严格遵照法定程序和规则进行。

（一）询问的主体

根据我国刑事诉讼法的规定，询问证人和被害人只能由有侦查权的侦查人员进行。询问权是侦查权的一个重要组成部分。侦查人员在询问被害人或证人前，应当首先对被询问人的心理状态和健康状况进行初步了解，并根据被询问人与当事人的关系，拟定询问提纲。询问时侦查人员不得少于2人，对女性被询问人询问时一般由女侦查员进行，对未成年人进行询问时应当通知其父母或法定代理人到场。

（二）询问的地点

侦查人员询问证人，可以在现场进行，也可以到证人所在单位、住处或者证人提出的地点进行，在必要的时候，可以通知证人到人民检察院或者公安机关提供证言。在现场询问证人，应当出示工作证件，到证人所在单位、住处或者证人提出的地点询问证人，应当出示人民检察院或者公安机关的证明文件。

（三）询问证人必须出示证明文件

根据我国刑事诉讼法的规定，询问证人必须出示人民检察院或者公安机关的证明文件。国家安全机关、军队保卫部门和监狱的侦查人员询问证人时，也应当出示其所在机关的证明文件。司法实践中通常是出示办案机关的询问通知书和侦查人员的工作证。

（四）询问证人应当个别进行

这是《刑事诉讼法》第 124 条第 2 款的专门规定。询问证人个别进行原则的确立，为防止证人之间互相影响串通，给证人创造一个独立陈述的环境，及时、客观、真实地表达陈述创造了条件。

（五）询问前应告知证人的法律规定

根据《刑事诉讼法》第 125 条的规定，询问证人应告知其应当如实地提供证据、证言和有意作伪证或者隐匿罪证要负的法律责任。刑事诉讼法还规定，凡是知道案件情况的人，都有作证的义务，有关单位和个人应当如实提供证据。另外，我国《刑法》第 305 条规定，在刑事诉讼中，证人对与案件有重要关系的情节故意作虚假证明意图陷害他人或者隐匿罪证的，应视情节轻重处拘役或 7 年以下有期徒刑。对证人规定上述法律责任，以保障证人如实提供证言询问时不得向证人泄露案情。

（六）询问有法定特殊情形的证人的特殊保障程序

根据刑事诉讼法的规定，询问不满 18 周岁的证人，应当通知其法定代理人到场。法定代理人到场是为了消除未成年证人胆怯、畏惧、恐惧心理，以便如实作证，但其不得提示、暗示或要求证人按代理人意思作证。如果法定代理人不愿到场不得强迫其到场。根据司法制度的有关规则要求，询问聋、哑、外国籍、无国籍和不通晓当地通用语言的人，应为其聘请翻译，以保证证言的客观真实性。

（七）询问证人应做好笔录

询问笔录制作一般应当在询问过程中同步进行，待询问结束后，应交证人或被害人进行阅读并改正差错，确认无误后签名或盖章，询问时同时采用同步录音录像的记录方式。

四、调查访问的步骤和准备

询问证人不仅要循序渐进，而且要有必要的准备。

（一）询问证人的一般步骤

询问证人的一般步骤是：

（1）确定询问的范围和重点询问的范围。主要包括三方面内容：第一，询问的地区范围，即在多大地区范围内进行询问；第二，询问的对象范围，即在哪些人中进行询问；第三，询问的内容范围，即应就案件中的哪些问题进行询问。询问的范围确定之后，还必须从中找出访问的重点地区、重点人和重点问题。一般应以出事地点的附近为重点，向那些了解案件事实和线索比较多的人，选择那些对于侦查破案价值比较大的问题进行重点访查。

（2）了解证人的情况。在询问证人之前对证人有一个初步的认知，包括证人的健康水平、性格特点、工作环境、职业特色、身份信息、家庭状况、工资水平、兴趣爱好等，了解证人与被害人之间的关系，了解证人与犯罪嫌疑人之间的关系，还要研究证人可能提供的证据信息和证明力问题，判断证据的相关程度，以便选择正确的询问方式和方法。

（3）拟定询问提纲。询问提纲的拟定关系到询问措施的开展和效果，一般询问提纲包括以下内容：①询问目的；②询问要求；③询问对象简介；④询问时间和地点；⑤询问问题排序；⑥询问方式。在询问过程中，遵守询问提纲可以帮助询问有步骤、有计划的开展，并且能获得更多的有用的关于案件事实的信息和证据。

（4）向询问对象进行询问。一般是先让证人自由地、详细地陈述其所知道或所感受到的与案件有关的情况，之后，对证人陈述中不清楚的地方进行查询。

（二）调查访问的准备

（1）及时介绍案情。走访前，专案组要组织案情介绍会，及时向每位参战民警详细介绍案情，让大家对案件有清晰的认识，明确走访的目的。

（2）细化排查条件。将前期侦查工作获取的线索细化为具体的走访排查犯罪嫌疑人的条件，如犯罪嫌疑人体貌特征、行动轨迹、物证情况、时空条件、人员数量、受伤情况等，确定走访排查的具体内容。

（3）制作菜单式访问提纲。将各项排查条件列成简明的菜单，印发各走访民警，逐项开展访问，防止遗漏。

（4）明确组织分工。调查走访组组长应当根据侦查工作的需要，将调查走访工作组再划分为现场走访、关系人排摸、重点查证、搜查取证等小组，各小组又可分若干工作单元，每个单元都要明确一名主办侦查员负责，层层落实责任。

（5）确定走访方式。调查走访前，应根据被访问对象的不同情况和侦查需要，妥善安排访问顺序，选择合适的访问地点和访问时间，并根据专案领导决策组的要求，严格讲话口径，注意侦查阶段的保密工作。

五、调查访问实施

（1）调查访问一般采取个别调查、单独访问的方法。

（2）侦查员应按照先期拟定的调查访问提纲逐项进行，让被访问对象就其所知道的情况进行全面叙述，然后针对性主要问题详细询问细节和涉及的人、事、物。侦查员应按要求制作询问笔录。

（3）侦查员要严格落实"签名负责制"。侦查员应根据专案指挥员划定的责任范围，由主办侦查员于工作结束后，在各自负责访问的对象名单后签名，对该组访问笔录与汇报负责。

（4）对重点访问对象要稳定其情绪，消除其顾虑，并积极有效地引导其认真回忆。

（5）按照有利于案件侦查的原则，调查访问工作可以秘密进行。侦查员可以其他名义、身份为掩护，直接接触被调查对象了解情况；也可以在被调查人所在单位、居住地等处物色适当人员，侧面向被调查人了解情况。

（6）侦查员不得向访问对象泄露案情或对案件的主观看法，防止误导被访问者。严禁使用威胁、引诱或其他非法方法进行调查访问。

案例4 "9·03"吕某某故意杀人案

2012年9月3日北京市公安局接报，顺义区某小区一出租房内有一女子死亡。死者为宋某某，女，48岁，现住顺义区某小区，在出租房通过黑车司机、朋友介绍从事卖淫活动。

一、现场勘查及法医检验情况

经勘查，现场位于顺义区某小区出租房内，该房为两室一厅一厨一卫结构。房门完好，无暴力开启痕迹。中心现场位于东南主卧室内，卧室灯呈打开状，尸体头西脚东，左侧卧于该卧室内双人床西侧的地面上，上穿黑色女士吊带背心，下穿黑色短裤，双脚赤足，右腕缠绕有3圈灰色绝缘胶带，在尸体周边及下方有大量喷溅血迹和滴落血迹。在中心现场及客厅地面发现一种可疑血足迹，鞋底花纹与门厅地面摆放的男式黑色拖鞋鞋底花纹一致；中心现场双人床床尾发现一女式紫色钱包，有翻动迹象，在钱包上提取到可疑男性指纹一枚；另在客厅单人床上提取死者手机两部、客厅茶几上烟灰缸内提取"都宝"牌烟头一枚；在洗手间内洗手盆周边发现多处可疑血迹，在门厅位置提取灰尘足迹一种，分析为男式凉鞋足迹。现场未发现作案凶器、死者日常佩戴项链、戒指等物品，死者床上钱包内财物丢失。经法医检验，尸体已呈腐败状态，尸体伤情主要集中在右颧部、左乳、左肩峰、腋下、背部中段等部位，共有刺创伤30余处，致命伤为心脏及肺脏刺创。死亡原因系急性失血性休克，死亡时间在4天以上，胃内容200毫升，分析遇害时间为饭后3小时，作案工具倾向于单刃片刀类工具。经检验，现场客厅内地面、中心现场卧室内地面各一处血迹，与客厅茶几上烟灰缸内"都宝"牌烟头DNA分型一致。

二、调查访问情况

据死者女儿张某反映，宋某某性格外向，有时脾气较大，平时佩戴一条黄金项链、两个黄金戒指、一个白金戒指，有两部杂牌直板手机，与他人无矛盾。

据多名嫖客、小区周边多名黑车司机反映，死者在居住地进行招嫖卖淫。经常乘坐小区门口黑车，乘车期间常与司机聊天，互留电话，若司机帮助介绍想找小姐的客人，会有50元或100元的提成。与死者来往嫖客多为熟客或他人介绍，卖淫时间较为宽松，除有情人或男友在的情况下，都可以进行卖淫活动，多数嫖客提前与死者预约，也有直接到死者家敲门进行嫖娼活动的情况。嫖资在 100 元至 400 元不等。死者爱干净，多数嫖客在进门后需要换拖鞋，后进入主卧室即中心现场与死者发生性关系。

三、案情分析及工作部署

综上，专案组分析此案应系一起以图财为目的的入室抢劫杀人案。作案人数为一人，应和死者有一定熟悉程度，以嫖娼形式正常入室，在室内有正常接触过程，在中心现场对死者实施侵害，后在洗手间有清理动作，换鞋后逃离现场，作案时间应在 8 月 30 日 21 时 25 分（死者发出最后一条信息时间）以后。据此，专案组制定如下工作部署：

（1）技术、法医部门继续对现场的痕迹物证进行检验、鉴定，同时技术部门要对现场提取的足迹、胶带等物证进行深入查证，加深对嫌疑人刻画。

（2）围绕死者开展专项调查，重点对其关系人进行排查，男性关系人要逐一见面采集 DNA 及指纹，与现场物证进行比对。

（3）继续调取、查看案发重点时间段的现场周边监控录像，发现线索。

（4）地区工作，继续对小区住户深入走访，对小区内重点人员进行排查，同时在周边住户、黑车司机中广泛发动特情耳目，收集情况。

（5）情报、网安部门结合自身职能对死者及关系人相关信息全面开展工作。

四、破案经过

专案组在大量排查死者关系人的同时，重点针对小区监控中出现的人、车进行逐一排查，发现 8 月 30 日 22 时 02 分，一名可疑男子步行从小区西北门离开，22 时 20 分许消失在顺义区某村。该男子上身赤裸，有衣物包裹在右手，脚穿凉鞋。针对此情况，专案组对某村开展摸排工作。工作中，侦查员发现某村案后离开人员吕某某体貌特征与录像中男子极其相似，且死者手机通信录有该人手机号码，经对吕暂住地进行勘查，提取的"都宝"牌烟头与现场"都宝"牌烟头 DNA 认定同一，吕某某具有重大作案嫌疑。随即专案组对吕开展抓捕。经工作，专案组于 2012 年 9 月 18 日 22 时许，将犯罪嫌疑人吕某某抓获。

五、嫌疑人供述情况

经审讯，犯罪嫌疑人吕某某供述：2012 年 4 月，其在顺义某饭店工作期间，通过送餐与死者相识，并多次与其进行卖淫嫖娼活动。因近日经济拮据，遂产生对死者实施抢劫的念头。8 月 30 日 21 时许，吕某某携带一把黑色折叠水果刀、一卷灰色胶带来到宋的家中，与宋发生性关系，后持刀对宋实施抢劫。在宋将家中现金及随身首饰交给吕某某后，吕威胁宋趴在床上，用胶带对宋的双手进行捆绑，宋激烈反抗并大声呼救，吕持刀将宋扎伤，宋挣扎过程中滚到地上，吕再次向宋的背部连刺十几刀，直至宋停止呼吸。后吕在洗手间洗手，携带财物逃离现场，在暂住地逗留几日后，逃往宁夏藏匿。

第三节　讯　问

讯问犯罪嫌疑人作为一项基本的侦查措施，是侦查人员应当掌握的一项基本技能。在过去的侦查实践中，侦审分离的制度下，侦查人员负责寻找抓捕犯罪嫌疑人，预审人员主要负责对抓获的犯罪嫌疑人的讯问，预审人员形成了较为成熟的审讯技能。但近十年来，全国公安机关普遍实行侦审一体化制度，各地公安机关也合并吸收了预审总队（支队）。讯问犯罪嫌疑人由侦查人员普遍使用在侦查的任何一个环节。讯问是一项传统侦查措施，《刑事诉讼法》的修改体现了对讯问在逐步规制，讯问始终是侦查人员在审讯技能和法律规制方面需要重视和提高的一个环节。

一、讯问的概念

讯问是指侦查人员为了查明案件的全部事实真相，依法对犯罪嫌疑人进行审讯和诘问，以获取真实供述或者辩解的侦查活动。

讯问的主体是侦查人员，过去的侦查实践中，讯问主要包括两种，一种是刑侦人员的讯问，另一种是预审人员的讯问，两种讯问的侧重点略有不同，刑侦人员受到抓获犯罪嫌疑人的及时性等因素影响，讯问需要直切犯罪案件的主要证据方面，问明情况。预审人员讯问多发生在看守所里，由预审人员提审多次，主要围绕犯罪案件的方方面面进行证据确认。讯问的对象是犯罪嫌疑人，讯问的目的是查明全案事实，讯问是侦查活动的重要组成部分。

讯问的任务是依照国家法律，准确、及时地查明案件事实，追究应负刑事责任的人，保障无罪的人不受刑事追究；依法、准确、及时地查明案件事实真相；查明同案犯罪嫌疑人，追查犯罪线索，查破积案，扩大战果；保护无罪的人不受刑事追究；收集犯罪资料，研究犯罪的规律、特点；对犯罪嫌疑人进行认罪伏法、改恶从善的教育。

二、讯问犯罪嫌疑人的法律规定

讯问的法律规定主要包括对讯问主体、讯问时限、讯问内容和讯问方式的法律规定。

（一）对讯问主体的法律规定

（1）讯问犯罪嫌疑人必须由侦查人员进行。

（2）必须有两名以上侦查人员进行。

（二）讯问时限的法律规定

（1）对传唤到案的犯罪嫌疑人，侦查机关应当在 12 小时之内进行讯问。

（2）对被拘留或逮捕的犯罪嫌疑人，侦查机关应当在 24 小时内进行讯问。

（三）讯问内容的法律规定

关于讯问内容，有如下法律规定：

（1）犯罪嫌疑人的基本情况。

（2）犯罪嫌疑人有无犯罪行为。

（3）侦查人员的提问应当与案件事实有关。对与案件无关的提问，犯罪嫌疑人有拒绝回答的权利。

（四）讯问方式的法律规定

（1）讯问方式必须合法，严禁刑讯逼供、威胁、引诱、欺骗。

（2）对未成年人，盲、聋、哑人及不通晓语言文字的犯罪嫌疑人讯问时，应当遵守相关的特殊规定。对未成年人讯问应当通知未成年人犯罪嫌疑人、被告人的法定代理人到场；讯问盲、聋、哑人及不通晓语言文字的犯罪嫌疑人、被告人时，应当聘请翻译人员，并将相关情况记录在笔录中。

（3）允许犯罪嫌疑人自行书写供述。

（4）如实记录讯问结果，并交由犯罪嫌疑人核对。

三、侦查讯问的规范程序

(一) 做好讯问前的准备

讯问前的准备主要包括全面熟悉和研究案件情况，认真分析犯罪嫌疑人的个性特点和心理状态，研究案件中的专门性问题并正确制定讯问计划。讯问前，讯问人员应当审阅证据材料熟悉案情，向刑侦部门了解侦破过程，审看相关视听资料，分析犯罪嫌疑人的心理状态，制订讯问计划，列出讯问提纲，必要时可以复勘犯罪现场。

(二) 开展讯问

(1) 讯问犯罪嫌疑人基本情况。

(2) 讯问犯罪嫌疑人是否有犯罪行为。犯罪嫌疑人承认自己有罪并能作出交代的，应当抓住战机，问清作案的时间、地点、手段、过程、结果、动机、目的等。

(3) 听取犯罪嫌疑人供述和辩解。犯罪嫌疑人辩解自己罪轻或者无罪的，应当让其说明理由，并与掌握的证据进行核对。

(4) 进行有计划的针对性讯问。犯罪嫌疑人拒不供认的，应当结合已经掌握的证据，认真梳理案件情况，通过讯问分析拒供的原因，有针对性地进行政策攻心。

(5) 结束讯问。命案讯问终结前，应当对犯罪嫌疑人进行政策法律教育。还应根据《刑事诉讼法》第162条的规定："公安机关侦查终结的案件，应当做到犯罪事实清楚，证据确实、充分，并且写出起诉意见书，连同案卷材料、证据一并移送同级人民检察院审查决定；同时将案件移送情况告知犯罪嫌疑人及其辩护律师。"

（三）讯问中的注意事项

（1）严禁刑讯逼供或者使用威胁、引诱、欺骗及其他非法的方法获取口供。

（2）讯问中使用证据时，禁止暴露技术侦查手段和侦查工作秘密；应当注意保护提供证据的证人。

（3）讯问犯罪嫌疑人，应当填写《提讯证》，《提讯证》上所列项目应当填写齐全。案件提请批准逮捕、移送审查起诉时，《提讯证》应当附卷。

（4）对犯罪嫌疑人采取强制措施后，应当在 24 小时内进行第一次讯问。第一次讯问应当有下列内容：

① 犯罪嫌疑人基本情况，包括姓名、别名、曾用名、绰号、性别、出生日期、身份证号码、户籍所在地、暂住地、籍贯、出生地、民族、职业、文化程度、政治面目、家庭情况、简历、违法犯罪经历等。

② 告知犯罪嫌疑人有聘请律师及申请回避等有关权利。

③ 讯问犯罪嫌疑人是否有犯罪行为，让其陈述有罪的情节或者无罪的辩解，然后向其提出问题。

④ 第一次讯问犯罪嫌疑人，应当告知如实供述自己罪行可以从宽处理的法律规定。

⑤ 讯问应当当场制作讯问笔录，不得事前、事后制作。制作讯问笔录应将办案人员的问话和犯罪嫌疑人的供述、辩解，对讯问人出示、使用证据的过程，犯罪嫌疑人的态度、表情如实记录清楚。对于提问和回答应当用"问："" 答："表示，不得使用其他符号等代替，每句问话和答话均应另起一行，独立记录为一段。对犯罪嫌疑人进行说服教育时应概括记录教育内容，不得以"问：思想教育"表示。

⑥ 讯问笔录上所列项目，应当按规定填写齐全，侦查员、记录员、翻译人员应当在笔录末尾签名或者盖章，不得由他人代签。

⑦ 犯罪嫌疑人请求自行书写供述的，应当准许。必要的时候，办案人员也可以要求犯罪嫌疑人亲笔书写供词。犯罪嫌疑人应当在亲笔供词的末页注明书写供述的时间，签名，捺印指印，办案人员收到后，应当在首页右上方写明"于某年某月某日收到"并签名。

⑧ 讯问犯罪嫌疑人，在文字记录的同时，应当对每次讯问的全过程录音、录像，并刻录光盘。光盘应当刻录两套。

⑨ 应当科学、合理安排讯问时间，避免长时间连续讯问的情况出现。讯问在押犯罪嫌疑人，应当保障犯罪嫌疑人每日有必要的睡眠、饮食时间。对于讯问中断的情况，要在《讯问笔录》中以问答的形式予以客观的记载，客观反映讯问中断中让犯罪嫌疑人休息或者吃饭的情况，避免出现长时间的讯问。

⑩ 命案深挖。对抢劫、强奸、绑架等暴力案件及系列杀人的命案犯罪嫌疑人要作为深挖重点对象，要将多发性侵财犯罪案件、严重暴力犯罪案件、团伙犯罪案件、系列犯罪案件作为深挖命案工作的重点。

⑪ 非法讯问的种类主要包括刑讯逼供、引供、诱供、骗供，不得采用任何刑讯逼供、引供、诱供、骗供，所得证据均为非法证据，适用非法证据排除规则。

⑫ 犯罪嫌疑人到案后要第一时间进入执法办案管理中心进行讯问，被羁押后应当在看守所讯问室进行讯问。讯问过程要严格遵守法律时限，讯问时侦查人员不得少于二人。讯问期间要保证嫌疑人必要的饮食、休息时间并予以记录。

⑬ 讯问未成年犯罪嫌疑人，应当制作、送达《未成年人法

定代理人到场通知书》，通知其法定代理人到场，并在《未成年人法定代理人到场通知书》副本上签名。法定代理人无法通知、不能到场或者是共犯的，可以通知其他成年亲属或其他合适成年人到场，并将有关情况记录在案。讯问女性未成年嫌疑人，应当有女性工作人员在场。讯问笔录应当交由未成年嫌疑人、到场的法定代理人或其他人员核对并逐页签名、捺指印。

四、讯问笔录制作

讯问笔录是对犯罪嫌疑人供述的客观记录，对于查明案情，确定犯罪嫌疑人刑事责任具有重要意义。讯问笔录制作违反法律规定，将可能被作为非法证据予以排除。因此，规范制作讯问笔录对于刑事案件的办理至关重要。

（一）讯问笔录制作中易出现的突出问题

（1）案件事实记录不清，对细节和关键情节没有叮问。

（2）目的性、针对性、逻辑性不强。

（3）内容不客观，与同步讯问录像不一致。

（4）代签名和交叉讯问情况。

（5）笔录格式不规范。

（二）讯问笔录制作的规范做法

1. 首部

首部各项填写要如实、完整、准确，不能有空项，对于选择性项目，应当作出明确选择。

2. 正文

（告知权利）在正文中，要表明身份，告知犯罪嫌疑人权利义务。要首先讯问犯罪嫌疑人有无违法犯罪行为，告知其如实供述可从轻或减轻处罚，让其陈述犯罪行为的情节或者没有犯罪事实的申辩，然后再围绕案件事实的要素进行提问。

（客观记录）讯问的情况要客观全面地反映在笔录中，不能遗漏。每次讯问都应制作笔录，有罪供述与无罪辩解等都应如实记录，不能简单复制粘贴其他笔录内容。要如实记录犯罪嫌疑人供述的原意，对犯罪嫌疑人语气、用词、方言俚语、表述方式要尽可能忠于原话。

（全程录像）讯问过程应当全程不间断录音录像，并告知犯罪嫌疑人，同时在讯问笔录中写明。笔录的内容和起止时间要与录音录像保持一致。

（突出重点）对于涉及定罪、定性的事实和情节应当重点记录，包括犯罪事实中的"七何"（即犯罪的时间、地点、人物、起因、经过、结果、性质）要素；证明犯罪构成要件的证据，关键性、隐蔽性情节和证据的细节；犯罪嫌疑人的辩解，供述中的矛盾点，案前、案中、案后主观心理的变化，不供、部分供、全供的心理变化及原因；供述中涉及的破获此案或其他案件的重要线索。

（排除矛盾）如犯罪嫌疑人多份供述或多名犯罪嫌疑人供述不一致，要对供述不一致的原因专门进行针对性讯问并如实记录。对不合逻辑、有悖常理，以及与客观证据相矛盾的地方要进行专门叮问，验证其供述的真实性。

（关注细节）笔录中问话和答话的记录要根据讯问的具体情况合理安排，繁简得当。记录要语意明确，语句要通顺连贯。对于人名、绰号、地点、单位名称，应当记录清楚具体是哪几个字，犯罪嫌疑人如果说不清楚要在之后注明"（音）"。对于作案时间，要尽量精确到年月日时分，如果犯罪嫌疑人能够供述可以印证作案时间的情节，应当重点记录。对于事情经过，要按照时间顺序让犯罪嫌疑人供述并记录，对于重要环节应当详细记录在场人员、环境特征，尤其是特有情节，为下一步验证核实打好基础。较长的事情经过不要作为一段长篇记录，对于关键情节要通过单独问答作为重点进行记录，即突出此情节重要性，也可以对犯罪嫌疑人供述进行自然分段。对犯罪嫌疑人宣传教育的具体内容应当摘要点记录。

3. 尾部

讯问结束后，要让犯罪嫌疑人核对、修正笔录内容，更正部分让犯罪嫌疑人捺指印确认。最后由犯罪嫌疑人在笔录末尾写明对笔录的意见，并在每一页笔录都签名、捺指印。对犯罪嫌疑人的签名应当核实与其姓名是否一致。拒绝签名、捺指印的，应当在笔录上注明。讯问人、记录人应当在笔录首部和尾部签名，禁止让他人代签名，禁止未实际参与讯问的人却在笔录上签名。

第四节　辨　认

辨认是指在侦查中为了查明案情，让被害人、证人及犯罪嫌疑人对与犯罪有关的物品、文件、尸体、场所或者犯罪嫌疑人进行辨别确认的一种侦查行为。辨认照片是刑事辨认中最常用的，在确定犯罪嫌疑人、查明案情中具有重要作用。2012 年《刑事诉讼法》，在证据种类中增加了辨认笔录。辨认笔录成为基本证据形式之一，理解好、把握好辨认的性质、作用和规则，灵活地加以运用，保证辨认笔录的证明作用，十分重要。

一、辨认的概念

辨认是指侦查人员为了查清犯罪事实，组织具有相应条件的人员对案件涉及的有关人员、未知名尸体、物品或场所进行识别和认证的一项侦查措施。辨认的依据是被辨认客体在辨认人头脑中形成的反映形象。

辨认具有以下作用：

（1）认定或排除犯罪嫌疑人。

（2）查明不明死者的身份及有关情况。

（3）查找犯罪现场。

（4）查明现场遗留物的来源、出处。

（5）查明某物品是否是本案的赃物。

二、辨认的种类

根据辨认客体种类的不同可分为对人的辨认、对无名尸体的辨认、对物的辨认和对犯罪有关场所的辨认。

根据实施辨认措施的工作方式的不同可分为公开辨认和秘密辨认。

根据实施辨认措施的工作程序的不同可分为直接辨认和间接辨认。

根据辨认措施实施过程中辨认人所依据的辨认客体特征的种类不同可分为静态辨认和动态辨认。

三、对辨认结果的判断

（1）从辨认人方面进行判断。判断内容主要包括辨认人是否公正、诚实、与案件是否有利害关系；辨认人的生理、心理是否正常，在感知、记忆等方面是否有障碍。

（2）从辨认客体方面进行判断。判断内容主要包括辨认时所依据的辨认客体的特征是否明显、突出；辨认客体在被辨认人感知时所具有的特征是否依然存在。

（3）从辨认的准备工作方面进行判断。判断内容主要包括是否详细询问辨认人；是否按照辨认人的回忆和陈述，确定辨认实施的时间、地点和布置环境；是否制订辨认措施实施方案。

（4）从辨认结果与其他证据材料的关系方面对辨认结果进行判断。

（5）在辨认过程中是否遵守辨认的规则来对辨认结果进行判断。

四、辨认的法律规定

2012 年《刑事诉讼法》将辨认笔录认定为法定证据形式之一。

2013 年最高人民法院《关于使用〈中华人民共和国刑事诉讼法〉的解释》中第 90 条对辨认进行了相关规定，主要包括辨认应当在侦查人员的主持下进行，辨认前辨认人不能见到辨认对象，辨认活动要个别进行，辨认对象应当混杂在具有类似特征的其他对象中，辨认对象数量要符合规定，辨认中辨认人不得接受任何暗示或明显指认嫌疑等。

《公安机关办理刑事案件程序规定》第 249 条规定，为了查明案情，办案人员可以让违法嫌疑人、被侵害人或者其他证人对与违法行为有关的物品、场所或者违法嫌疑人进行辨认。对犯罪嫌疑人进行辨认，应当经办案部门负责人批准。

《公安机关办理刑事案件程序规定》第 250 条规定，辨认应当在侦查人员的主持下进行。主持辨认的侦查人员不得少于二人。

《公安机关办理刑事案件程序规定》第 251 条规定，多名辨认人对同一辨认对象或者一名辨认人对多名辨认对象进行辨认时，应当个别进行。辨认时，应当将辨认对象混杂在特征相类似的其他对象中，不得给辨认人任何暗示。辨认违法嫌疑人时，被辨认的人数不得少于七人对违法嫌疑人照片进行辨认的，不得少于十人的照片。辨认每一件物品时，混杂的同类物品不得少于五件。同一辨认人对与同一案件有关的辨认对象进行多组辨认的，不得重复使用陪衬照片或者陪衬人。

《公安机关办理刑事案件程序规定》第 252 条规定，辨认人不愿意暴露身份的，对违法嫌疑人的辨认可以在不暴露辨认人的情况下进行，公安机关及其人民警察应当为其保守秘密。

《公安机关办理刑事案件程序规定》第 253 条规定，辨认经过和结果，应当制作辨认笔录，由办案人民警察和辨认人签名或者捺指印。必要时，应当对辨认过程进行录音、录像。

五、辨认的组织实施

（一）准备辨认

1. 选择照片

选择性别相同，年龄、发式等特征相类似的照片作为辨认陪衬照片，可以从执法办案平台的辨认笔录模块中，选择相应类型，自动随机调取陪衬照片。照片不得少于 10 张，并对所有被辨认照片按顺序编号。照片中不得出现犯罪嫌疑人、陪衬人的姓名。进行多组辨认的，每组都应当更换陪衬照片，不得重复使用。

2. 制作说明

对用于辨认的照片，应制作《辨认照片说明》。在每张被辨认照片下方注明姓名及身份证号码，《辨认照片说明》中的照片顺序应当与辨认照片保持一致，另行打印附在辨认照片之后入卷。《辨认照片说明》不得向被辨认人透露。主持辨认的侦查人员应当在《辨认照片说明》上签名。

3. 告知责任

辨认前，应当查明辨认人是否具备辨认条件，向辨认人详细了解辨认对象的具体特征，制作《询（讯）问笔录》，告知辨认人故意作虚假辨认应当承担的法律责任，并在笔录中注明。

4. 邀请见证人

辨认前，应通知见证人到场，对辨认过程和结果予以见证。生理上、精神上有缺陷或者年幼、不具有相应辨别能力或者不能正确表达的人，与案件有利害关系可能影响案件公正处理的人，办案民警、办案单位的其他民警和聘用人员（包括辅警、保安、联防队员、物业人员等）不得担任见证人。见证人身份信息应当附卷备查。

（二）进行辨认

1. 混杂辨认

辨认应当在侦查人员主持下进行，主持辨认的侦查人员不得少于二人。将辨认对象的照片混杂在其他照片中，不得给辨认人任何暗示。辨认人辨认应当实事求是，尊重客观结果；可以反复进行辨认，排除偶然性；多人辨认时，应当分别进行。

2. 确认结果

辨认人应当在辨认出的打印的犯罪嫌疑人照片上捺指印，在打印的陪衬照片页下方注明实施某项犯罪行为的人是第几张照片上的人，并签名、捺指印。

3. 全程录像

辨认过程应当由专人负责全程不间断录音录像。

4. 见证人全程参与

辨认本身的合法性、真实性和关联性也要有证据证明。辨认的全过程，也就是从辨认开始，到辨认结束，见证人都要参与，见证人不但要看到辨认的结果，也要看到辨认的过程。有条件的情况下，见证人的身份尽量保持中立。根据 2012 年《最高人民法院关于适用〈中华人民共和国刑事诉讼法〉的解释》第 67 条规定，有三类人员不得作为见证人：一是生理上、精神上有缺陷或者年幼，不具有相应辨别能力或者不能正确表达的人；二是与案件有利害关系，可能影响案件公正处理的人；三是行使勘验、检查、搜查、扣押等刑事诉讼职权的公安、司法机关的工作人员或者其聘用的人员。由于客观原因无法由符合条件的人员担任见证人的，应当在笔录材料中注明情况，并对相关活动进行录像。录像要反映全过程，不能有中断、剪辑、遮蔽。总之，要反映辨认活动的自动性和真实性。

5. 组织辨认

组织实施犯罪嫌疑人辨认现场，这是辨认的关键环节。这个过程必须要体现犯罪嫌疑人进行辨认活动的自主性、自动性，要避免可能影响其自主辨认的因素，防止为其事后图谋翻供留把柄。组织辨认要注意两个方面：一要避免侦查人员领着犯罪嫌疑人到现场，辨认的过程要体现犯罪嫌疑人是在无任何干扰、提示的情况下自动找到的。一般情况下，用汽车将犯罪嫌疑人带至现场附近某个起点，让犯罪嫌疑人沿着当时作案的路线行走寻找、指认现场。二要避免闲人围观或其他暗示。需要对辨认的现场要进行清理、控制，不能留有足以起到暗示性、指示性作用的环境。

（三）制作笔录

对辨认情况应当制作《辨认笔录》，写明辨认的起止时间、地点，主持辨认的侦查人员、记录人、辨认人、见证人，辨认对象的基本情况和辨认目的。《辨认笔录》应如实反映辨认活动的过程及结论，写明辨认人进行辨认的具体情况和现实条件，辨认对象的情况，辨认的方法和辨认过程中辨认人的态度，辨认结果及辨认人对辨认对象能够辨认、确认或者不能够辨认、确认的理由。辨认人对辨认提出疑义和要求的，也应当记录。《辨认笔录》交辨认人、见证人核对无误后，由辨认人、见证人、主持辨认的侦查人员、记录人分别签名确认。辨认人应当逐页签名并捺指印。打印的辨认照片页和《辨认照片说明》应当作为《辨认笔录》的组成部分入卷。

延伸阅读　刑事案件侦查中的辨认

案例A：案件现场位于城郊一处偏僻树林内。侦查发现一名嫌疑对象在案发后离开现场务工地返回外省原籍地。在原籍地将其抓获后就地审讯，其供述了作案的大概经过和现场的大致情况。押回案发地后，组织犯罪嫌疑人辨认了现场，办案人员制作了《辨认笔录》入卷。再提讯时，犯罪嫌疑人辩解辨认现场时是警车在前面带路的，辨认中心现场时是办案人员领着去的，加之翻供说在原籍地的初步交代是侦查人员逼供、引供的，当时的临时突审也没有作全程录音录像，导致无法用证据去揭露犯罪嫌疑人的翻供。由于一时无法排除合理的怀疑，给后期定案带来很大阻力。

案例B：犯罪嫌疑人供述将被害人的尸体掩埋在某农田内、高压输电线塔东南方4米处。办案单位随即组织人员到其描述的地点进行人工挖掘。还没等挖到尸体（若继续挖，是可以挖到尸体的），就把犯罪嫌疑人带到挖掘现场，让其找出确切的埋尸位后，调来挖掘机进行挖掘。辨认时，埋尸点不仅已经动土挖掘，上面还站着一些工作人员，现场周围还有围观群众。辨认后，办案人员制作了《辨认笔录》入卷。这样的《辨认笔录》当然不能作为定案的根据。

在辨认时要遵循先讯问（询问）后辨认原则，先制作讯问（询问）笔录让辨认人进行客观描述，然后进行辨认并制作《辨认笔录》，避免影响辨认的客观真实性。即辨认前后要进行讯问，做好辨认前的准备工作和辨认后的核查固定工作。犯罪嫌疑人供述到有关现场后，不能急于组织辨认，这样做有三个方面的考虑：一是进一步甄别犯罪嫌疑人的供述是否真正的交底，防止侦查人员被其牵着鼻子走（实践中发生过犯罪嫌疑人供述多个埋尸地点的情况），更要防止让其掌握侦查机关的底牌（未找到现场）。二是先行用讯问笔录固定其对现场的知情度，再配以后期的辨认笔录予以固定、补强，形成证据链，防止其日后翻供（如案例1）。三是根据其对侦查机关尚不掌握的隐蔽现场的供述，同步安排开展外围核查确认，并积极做好辨认准备。有关辨认现场环节的讯问内容，主要是问清现场方位、环境、标示物、参照物，行走路线，重点是问清现场中其看过、动过的细节环境特征（如命案中埋尸的深度、方向、姿势、衣着、伤势、随埋物及使用的材料）等，足以证明只有作案人才会有的现场知情度即可。有的案件犯罪嫌疑人对现场记忆不清、描述含糊，但可以自己指认出来，就要问清和记录其能否在原有条件环境下（如夜间）按原先的路线自动找到现场。若能亲笔画现场示意图，更好（也要作为证据入卷）。应当讯问清楚后再组织辨认，但也有紧急情形（如解救人质、搜索爆炸物），来不及坐下来讯问，急需第一时间找到现场，特殊情形可特殊应对，可以边去现场辨认、边讯问、边录音录像的形式，加之见证人见证，事后再补充讯问，将这一过程客观记录、说明即可。

公安机关在辨认照片中容易出现的问题主要包括以下几点：

一是辨认照片未达到法律规定的标准，少于 10 张。

二是被辨认的照片不符合相似或近似的原则，照片特征明显、照片背景不一致，给辨认人造成暗示。

三是进行多组辨认时，未按分别辨认原则更换陪衬照片。

四是辨认过程中给辨认人暗示。

五是辨认笔录制作不规范。

第五节　通缉、通报

通缉是公安机关对在逃的应当逮捕的犯罪嫌疑人或在逃的罪犯，依法向有关地区的机关和公民发布通缉令进行缉捕的一项侦查措施。通报是公安机关在日常执法办案过程中，对于有重大作案、涉案嫌疑且潜逃人员，在未正式受理立案侦查、按照法定程序依法发布通缉令的情况下，案件侦办单位可以制作并发布协查通报，通知公安机关各警种单位及社会组织团体、街道委员会，对照描述信息的涉案可疑人员注意协查；若遇重大线索务必第一时间采取必要措施或告知侦办单位。

一、通缉、通报的对象

通缉、通报的对象包括以下人员：

（1）已决定逮捕而逃跑或下落不明的犯罪嫌疑人。

（2）已决定拘留而逃跑或下落不明的现行犯或重大犯罪嫌疑人。

（3）已被拘留、逮捕后从羁押场所逃跑的犯罪嫌疑人或被告人。

（4）在押解途中或讯问期间逃跑的犯罪嫌疑人。

（5）在取保候审、监视居住期间逃跑的犯罪嫌疑人或被告人。

（6）已经判刑，在服刑、关押期间逃跑的罪犯。

二、通缉、通报的相关法律规定

只有公安机关有权发布通缉令，其他任何机关、团体、单位、组织和个人都无权发布。人民检察院在自侦案件中，需要追捕在逃犯罪嫌疑人时，经检察长批准，作出通缉决定后，通知公安机关，由公安机关发布通缉令。各级公安机关在自己管辖的地区内，可以直接发布通缉令，如果超出自己管辖的地区，应当报请有权决定的上级机关发布。被通缉的对象必须是依法应当逮捕而在逃的犯罪嫌疑人，包括已经被捕而在羁押期间逃跑的犯罪嫌疑人。

通缉令中应当写明被通缉人的姓名、别名、曾用名、绰号、性别、年龄、民族、籍贯、出生地、户籍所在地、居住地、职业、身份证号码、衣着和体貌特征并附被通缉人近期照片，可以附指纹及其他物证的照片。除了必须保密的事项以外，应当写明发案的时间、地点和简要案情。通缉令发出后，如果发现新的重要情况可以补发通报。通报必须注明原通缉令的编号和日期。

有关公安机关接到通缉令后，应当及时布置查缉。抓获犯罪嫌疑人后，应当迅速通知通缉令发布机关，并报经抓获地县级以上公安机关负责人批准后，凭通缉令羁押。原通缉令发布机关应当立即进行核实，依法处理。被通缉的人已经归案、死亡，或者通缉原因已经消失而无通缉必要的，发布通缉令的机关应当立即在原发布范围内通知撤销通缉令。

三、通缉令、协查通报制作

县级以上公安机关有权向自己管辖的地区发布通缉令。通缉令一般以文书的形式利用传真、递送、邮寄、电视、广播、网络等形式发布。通缉令、协查通报一般包括文书标题、编号、正文、附件和发布日期、单位等。通缉令、协查通报的内容应当具体、简练、明确。被通缉人的信息要准确、细致、全面。通缉、通报的主要内容包括简要案情、犯罪嫌疑人的基本情况、悬赏金数额、发布机关及其联系方式等。

通缉令是两联式填究型文书，由存根、正本组成。

1. 存根

存根主要对案件标题、名称、编号、被通缉人的基本情况、批准人、批准时间、办案人、办案单位、填发时间和填发人进行填写，由签发通缉令的公安机关存档。

2. 正本

正本的主要结构包括标题、发文字号、发布范围、简要案情、犯罪嫌疑人的基本情况及体貌特征、工作要求和注意事项、附件等。

（1）标题。通缉令的标题一般为"××市公安机关通缉令"。公安部发布的通辑令一般分为 A 级通缉令和 B 级通辑令两种，A 级通缉令是公安部重点通缉在逃人员的命令，B 级通缉令是各省级公安机关请求公安部发布的命令。

（2）发文字号。发文字号居标题右下方，由公安机关代字、年份和顺序号组成。

（3）犯罪嫌疑人的基本情况和体貌特征。

（4）发布范围。顶格写在正文之前。写前要根据案情认真研究，适当掌握发布范围，要与《刑事诉讼法》的有关规定相一致。

（5）简要案情，即发令缘由。要写明案件发生的时间、地点和简要案情及性质等。制作时应采用概述的方法，发案的时间、地点等不宜写得太具体，涉及认定案件性质的重要情节及其他需保密的事项，应当有选择地说明。

（6）工作要求和注意事项。写明通缉工作应采取的必要措施及发现被通缉犯罪嫌疑人应如何处理和联系方式等。

（7）附件。附犯罪嫌疑人的照片，有条件的可以附指纹和其他物证的照片及社会关系等公开发布的通缉令不得将犯罪嫌疑人的社会关系公开。

3. 通缉令体貌特征描写要求

（1）体貌特征的说明要有整体性，抓住特征。整体性，是指要如实记写被通缉人的全面特征，通过介绍，给人以完整的印象。体貌说明应进行整体特征的介绍，同时注意形神兼备。例如，写眼睛除了要说明其特征，还要把它放到五官、头型、脸型的说明中去，这样的说明能给人以完整清晰的印象。抓住特征，是指在全面介绍体貌特征的基础上重点突出其个性特征，包括先天或后天形成的个性特征，如脸上有疤痕、说话结巴等，以利于和他人相区分。

（2）体貌特征说明以不变部分为主，以可变部分为辅。人的体貌可分为不变部分和可变部分。头型、脸型、五官、四肢等均为不变部分，某些人的习惯动作，如坐则颤腿，行则俯首、吐舌、斜肩、口头语等，也属于不变之列。可变部分，是指一个时期内稳定性较弱的特征，如衣着、胡须、发型、装饰物等。通缉令中体貌特征的说明重点应放在不变部分。

（3）注意说明的层次和顺序。通缉令中犯罪嫌疑人体貌特征应按照先整体后局部、由上而下、先静后动的顺序进行说明，即先说明整个体态如身高、体型，再介绍五官、四肢，最后写清习惯动作及表情等。例如，"逃跑时，上穿棕色仿毛西装，内穿四方格衬衣，下穿蓝色西裤，脚穿黑色牛皮鞋"。

案例5 "1·27"白某某故意杀人案

2012年1月27日8时50分，某区小区内发生一起故意杀人案，造成一死两伤。

一、案件基本情况

（一）接报警情况

据报警人赵兰（化名）反映，2012年1月26日23时30分许，赵兰与妹妹赵迪（化名）在宿舍看电视时听见院内有打斗声响，二人出门查看时见母亲肖某躺在院内，一男子正持刀砍肖某，赵兰即用手机拨打"110"报警。

（二）死伤人员基本情况

死者：纪某某，男，30岁，某有限公司教官。

伤者：赵某某，男，47岁，某有限公司业务经理；肖某，女，46岁，赵某成妻子，某有限公司厨师。

二、现场勘查及法医检验情况

经勘查，现场位于某区小区院内，该院为封闭式院落，院门朝北。院内南侧为大厅，西侧为一排平房（共8间），东侧为围墙。在西侧平房由北向南数第一、二、四间房内及门前地面上均有大量血迹及打斗痕迹，其中北数第四间房的窗户玻璃破碎，另在该房内床头柜上提取带血菜刀（不锈钢材质，刀刃长约20厘米）1把。

经法医检验，死者头面部多处刀砍伤，右上臂有2处刀砍伤、2 处刀尖伤，双手多处抵抗伤，死亡原因系失血性休克并颅脑损伤。赵某某头面部、左小臂、左胸部、后颈部、左大臂、左手等部位有多处砍伤，左小臂有 1 处咬痕。肖某头部、颈部、后背部、胳膊及手部共有 20 余处砍伤。

三、前期工作情况

（一）犯罪嫌疑人确定情况及案发过程

经对除死者纪某某以外 9 名案发当晚在场人员逐一访问得知：犯罪嫌疑人系白某某，男，36 岁，山西省五台县人，暂住于某区商业区 B 座地下一层保安宿舍，系小区保安，已于 2012 年 1 月 26 日离职。

2011 年 11 月 7 日，白某某经人介绍到某公司当保安，月工资 1500 元。2012 年 1 月 25 日，白因患病前往双桥医院医治，向公司借支 500 元，除去之前已发工资，按合同公司应欠白某某 1500 元工资未发。1 月 26 日 12 时许，白以患病需回原籍医治为由向公司索要欠发工资，因白认为其月工资应为 1800 元，而公司只给 1500 元，并在白递交离职报告过程中双方发生争执，刘某（男，24 岁，内蒙古自治区通辽市人）和纪某某分别用脚踹、用水泼白某某。事后，白返回小区，又被小区以已离职人员为由拒绝留宿。遂怀恨在心，预谋报复。于当晚 23 时 30 分许，白某某持刀进入院内再次找纪某某理论，并持菜刀先后将纪某某、赵某某、肖某砍伤。刘某、魏某某（男，34 岁，朝阳区人）听见后，发现此情况便持院内砖头与白某某发生打斗，其间赵兰、赵迪拨打 110 报警。

（二）监控录像察看情况

经察看现场西侧某小区西门监控录像发现：2012 年 1 月 26 日 21 时 33 分，一可疑男子乘坐一辆"捷达"牌出租车到达现场附近；22 时 05 分至 23 时 03 分在现场门前东西向马路上徘徊；

23 时 45 分跑步出小区西门逃离现场。

通过对白某某所在小区保安及案发当晚在场人员辨认影像资料确定：监控录像中的可疑男子系白某某。

四、案情分析及工作部署

综上所述，专案组分析本案系一起因劳资纠纷引发的故意杀人案，白某某具有重大作案嫌疑，现在逃。并制定如下工作部署：

一是技术部门对提取的痕迹物证进行检验鉴定；全面提取犯罪嫌疑人案发前使用物品，获取白某某 DNA 及指纹；察看并固定现场及周边监控录像，确定犯罪嫌疑人案发前后活动轨迹；

二是针对犯罪嫌疑人可能选择的出京途径进行全市布控；

三是前往犯罪嫌疑人原籍及主要关系人住地进行查控；

四是在全国范围下发协查通报查找犯罪嫌疑人。

五、破案过程

犯罪嫌疑人身份确认后，专案组在北京及周边省市开展全面布控工作的同时，重点针对犯罪嫌疑人山西、云南两地主要亲属及关系人开展访问及布控工作。在山西省忻州市公安局技侦支队和五台县景区公安局的大力协助下，专案组通过调查摸底确定了犯罪嫌疑人白某某曾于案发后潜逃至原籍，并在亲属的包庇、资助下化妆为僧侣藏匿在五台县某村逃避抓捕，且白某某已离开该村，去向不明。专案组适时抓捕了涉嫌包庇的犯罪嫌疑人白建某、武某某，并逐一访问白某某的亲属及关系人，施加压力，政策攻心，深入做思想工作。

2012 年 2 月 14 日 16 时 30 分许，经犯罪嫌疑人白某某的母亲武某某（56 岁，山西省五台县人）举报，专案组在山西省五台县犯罪嫌疑人户籍地内将再次回家的白某某抓获，成功破获此案。

经审讯，犯罪嫌疑人白某某供述：2012 年 1 月 26 日 12 时许，白某某以患病需回原籍医治为由向公司索要欠发工资，因白自认为公司少发其工资，双方发生争执，白某某被刘某和纪某某殴打、辱骂。白某某返回工作地小区后，又被小区以离职人员为由拒绝留宿。白某某怀恨在心，预谋报复。

2012 年 1 月 26 日 21 时许，白某某先在一小超市内购买两把菜刀，后乘坐出租车至某小区西门附近，在现场外徘徊近两小时伺机作案。23 时 30 分许，待公司内人员均已入睡后，持刀进入纪某某宿舍，与纪某某理论工资一事，双方再次发生争执，白某某持菜刀砍伤纪。接着进入赵某某、肖某宿舍将二人砍伤，后公司内先后出现多名保安与白某某搏斗，白某某即跑步逃离现场。打斗过程中白某某将其中一把菜刀扔至西侧平房宿舍内。

白某某先乘坐一辆"黑车"至河北省保定市，又搭乘一辆货车于 1 月 28 日 18 时许返回山西省五台县白建某家中，将砍人一事告知白建某和武某某，在二人的包庇、资助下化妆成僧侣藏匿在五台县某村，数日后辗转各山区躲避追捕。2 月 14 日，白某某因身体不适返回家中休息时，被公安机关抓获。

第六节　搜查扣押

搜查是一项法定侦查措施，为了收集犯罪证据、查获犯罪人，侦查人员可以对犯罪嫌疑人以及可能隐藏罪犯或者犯罪证据的人的身体、物品、住所和其他有关的地方进行搜查。在侦查活动中发现的可用以证明犯罪嫌疑人有罪或者无罪的各种财物、文件，应当查封扣押。

搜查、扣押是公安机关侦查行为的一个重要组成部分，应当严格按照刑事诉讼法的相关程序规定进行。近年来，搜查扣押中出现比较多的问题的表现在涉案财物的搜查扣押上，尤其表现在涉众型经济犯罪中，扣押财物问题成为刑事诉讼中的新的"对物之诉"的问题，需要公安机关在实践操作中加以规范。同时，现阶段搜查扣押的问题也常常表现在对电子数据的搜查和扣押上，对电子数据扣押封存的规范问题关系到电子数据的证据能力和证明力，是公安机关在侦查行为中必须注重的问题。

一、搜查的概念

搜查是指侦查机关依照有关法律的规定，为了收集犯罪证据，缉获犯罪嫌疑人，在被搜查人或有关见证人在场的情况下，对犯罪嫌疑人及可能隐藏犯罪嫌疑人或者犯罪证据的人的身体、物品、住所和其他有关场所，进行搜查与检查的一项侦查措施。根据有无搜查证件可分为有证搜查和无证搜查；根据搜查对象的不同可分为人身搜查、物品搜查、住所和其他场所的搜查；根据搜查的目的不同可分为安全搜查、犯罪嫌疑人搜查和犯罪证据搜查等。

二、搜查工作中容易出现的问题

（1）搜查目的不清，范围不明，工作不细，走形式化。

（2）搜查未全程不间断录音录像，对提取犯罪证据的环节未重点录像，未做到参与搜查的每名民警均使用执法记录仪。

（3）见证程序不规范。

（4）犯罪证据搜查有遗漏。

（5）搜查笔录和文书制作不规范。

三、搜查的规范实施

（一）搜查前的准备

办案部门制作《呈请搜查报告书》，报分局领导批准后，制作《搜查证》，并准备好《搜查笔录》《扣押物品、文件清单》等法律文书。组织与搜查工作量相适应的警力，不得少于两名民警。除紧急、特殊情况外，搜查人员应当着警服。参加搜查的警力应当事先吃透案情，明确搜查目的，了解搜查现场环境、同案嫌疑人到案情况，分析其他可能突发情况，重点要研判搜查过程中的风险点，制定应对措施，防止嫌疑人脱逃或当场毁灭证据等意外情况的发生。搜查前还应准备好搜查工作需要的装备，如车辆、警械、照相摄影设备、照明设备、提取证据需要的包装袋等。

（二）不得担任见证人的情形

根据搜查工作需要选定见证人，通常来说，生理上、精神上有缺陷或者年幼，不具有相应辨别能力或者不能正确表达的人，与案件有利害关系可能影响案件公正处理的人，办案民警，办案单位的其他民警和聘用人员（包括辅警、保安、联防队员、物业人员等）不得担任见证人。根据搜查对象的情况，提前与可能需要的刑侦技术人员、网络勘查人员、开锁等专业人员联系，协助开展工作。

（三）实施搜查

向被搜查人或者其家属出示《搜查证》，要求被搜查人或者其家属在《搜查证》的附注部分注明向其宣布的时间并签名，并可以要求其主动交出相关证据。被搜查人或者其家属拒绝签名或者不在场的，应当在《搜查笔录》中注明。遇到阻碍搜查的，可以强制搜查。搜查时，要先了解现场总体情况，确定搜查范围和重点及搜查顺序，明确搜查人员的分工和责任，并指派专人严密注视现场情况，控制、监视被搜查人及家属动向，必要时可以警戒、封锁现场。搜查中要重点注意发生变化的物品和部位，不留遗漏。同时，应当避免对物品、住处等造成损坏，搜查完成后要尽可能对现场恢复原状。需要进行破坏性搜查时，应当经办案部门负责人批准。对于需要提取生物痕迹及电子证据时，应当请刑侦技术人员、网络勘察人员等专业人员到现场实施。对人身进行搜查时，应当先查验身份，并进行安全性检查。搜查女性身体应当由女工作人员进行。搜查时，应当要求见证人全程在场，认真见证每一个搜查行为。多组同步搜查时，应保证每组都有见证人。见证人身份信息应当附卷备查。由专人负责全程不间断录音录像。同时，搜查人员均要开启个人佩戴的执法记录仪。对发现的犯罪证据，应当对提取的整个过程进行重点拍摄。对搜查出的犯罪证据应当当场装袋密封，注明提取位置，集中看管和登记，防止遗漏、混杂。搜查完成后，应当制作《搜查笔录》《扣押清单》。搜查笔录中，"当事人"一栏填写嫌疑人的基本情况，"其他在场人员"一般填写被搜查人的家属。若家属不在场，可注明"无"。《搜查笔录》中的"对象"，填写搜查的场所或者人身名称。被搜查人非嫌疑人，但嫌疑人供述犯罪工具等证据隐藏在被搜查人住处的，"当事人"一栏依然填写嫌疑人的基本情况，"对象"则填写被搜查人的住处，同时在搜查笔录"事由和目的"一栏中记录"犯罪嫌疑人张三供述其犯罪工具隐藏于李四住处，为及时获取犯罪证据，需对李四住处进行搜查"。《搜查笔录》中，应当如实记录整个搜查过程，并按照搜查顺序记录每一件犯罪证据自何处获取，注明拍照或录像情况。最后写明《扣押清单》的交收情况。

《搜查笔录》制作完成后，由当事人、见证人、其他在场人员、被搜查人及侦查人员在笔录上签名。嫌疑人不在现场的，笔录尾部"当事人"一栏可以用删除线画除表示不在现场。被搜查人不在现场的，由侦查人员在笔录上注明"搜查过程中被搜查人×××不在场"。搜查扣押的物品需制作《扣押清单》，一式三份，由持有人、见证人和侦查人员签名。犯罪嫌疑人不在现场的，需事后制作笔录告知犯罪嫌疑人搜查的时间、地点及扣押物品等情况，必要时可以出示实物，并将《扣押清单》复印件交犯罪嫌疑人核对后由犯罪嫌疑人在复印件上注明："××××年××月××日，侦查人员向我出示此份扣押清单，经我确认此份清单所扣押物品为我所持有（或曾经使用等）。"同时由犯罪嫌疑人签名，捺指印，注明签字时间。犯罪嫌疑人签字时间需与扣押告知笔录制作时间一致。

（四）搜查中的紧急情况

若侦查需要，经批准后可将犯罪嫌疑人或者有关人员带至搜查现场，便于进一步发现、固定、强化证据。但应当做好看管，防止脱逃、自残、自伤等意外事件发生。执行拘留、逮捕的时候，遇有可能随身携带凶器等紧急情况的，无《搜查证》也可以进行搜查，但应当在《搜查笔录》中注明。紧急情况包括可能随身携带凶器的；可能隐藏爆炸、剧毒等危险物品的；可能隐匿、毁弃、转移犯罪证据的；可能隐匿其他犯罪嫌疑人的；其他突然发生的紧急情况。应当注意，不用《搜查证》进行搜查只能是执行拘留、逮捕时，传唤、拘传时则不能适用，只能进行人身安全检查。

四、扣押的概念

扣押是刑事办案工作中常用的侦查措施，规范涉案财物扣押对于保护公民、法人和其他组织的合法财产权益，保障刑事诉讼顺利进行具有重要意义。

扣押的范围包括：

（1）在侦查活动中发现的犯罪嫌疑人犯罪所得及其孳息，用于实施犯罪行为的工具，其他可用以证明犯罪行为是否发生及犯罪情节轻重的各种财物、文件，应当予以扣押。

（2）勘验、检查中提取的财物、文件，现场难以确定可否用以证明犯罪嫌疑人有罪或者无罪，需要进一步甄别和采取控制保全措施，以及法律、法规禁止持有的财物、文件。

（3）有可能成为痕迹物证载体的财物、文件。

五、扣押中容易出现的问题

扣押中容易出现以下问题：一是见证环节不规范；二是对扣押的小件零散物品未当场装袋密封；三是法律文书中涉案财物特征描述不客观、不准确；四是办案民警自行保管涉案财物；五是扣押后不及时甄别权属。

六、扣押的规范实施

在侦查过程中需要扣押财物、文件的，侦查人员应当制作《呈请扣押报告书》，经办案部门负责人批准后，制作《扣押决定书》。制作《扣押决定书》时，如物品较多无法全部填写的，可统一在《扣押决定书》上清单栏内填写："详见《扣押清单》"。具体扣押物品情况应详细登记在《扣押清单》中。在现场勘查、检查、搜查过程中需要扣押财物、文件的，由现场指挥人员决定并填写《扣押清单》；但扣押财物、文件价值较高或者可能严重影响正常生活或者生产经营的，应当报经分局领导批准后，制作《扣押决定书》。

执行扣押的侦查员不得少于两人。扣押时，通知有关当事人、见证人到场，向被扣押人出示有关法律文书、人民警察证，告知其扣押理由、依据及如实提供证据、配合扣押的义务。对扣押的财物和文件，应当会同在场见证人和被扣押财物、文件的持有人查点清楚，不留遗漏。持有人拒绝交出应当扣押的财物、文件的，可以强制扣押。

扣押的物证、书证、视听资料应当是原物、原件，获取原物、原件确有困难的，可以扣押副本或者复制件，并附有关制作过程及原件、原物存放处的文字说明，由制作人和物品持有人签名。对扣押的小件零散物品，应当当场装袋密封，并由扣押人员、见证人和持有人在密封材料上签名。对不能装袋密封的，应当采取能保持其原始状态的处理方式。

生理上、精神上有缺陷或者年幼，不具有相应辨别能力或者不能正确表达的人，与案件有利害关系可能影响案件公正处理的人，办案民警、办案单位的其他民警和聘用人员（包括辅警、保安、联防队员、物业人员等）不得担任见证人。见证人身份信息应当附卷备查。扣押过程应当进行全程不间断录音录像，对于扣押物品、文件的特征应当进行重点拍摄。

在制作《扣押清单》时，要注意客观、准确填写物品、文件的名称和特征。

对疑似金银首饰等，不得表述为"黄金"等未经鉴定的属性，要写明颜色、数量、质量等特征，可在名称栏内填写：戒指，在特征栏内填写：黄色，5克。

对于手表、手机等疑似名牌物品，不得表述为"××"品牌，可在特征栏内填写：有"××"字样，如果有唯一识别码，应当在特征栏内填写清楚。

对于人民币等货币，如能检验确定真伪，写明总金额即可；对于具有特定特征，能够证明某些案件事实而需要作为证据使用的人民币等货币，应当在特征栏内详细填写数量、面值及冠字号码等识别码；对于现场没有条件检验真伪和确定为哪国货币的，可以在名称处客观填写：货币样纸张，在特征处填写：有"××"字样，每种面值的数量及必要特征项。

对于机动车，应当在特征栏内详细填写当事人、所有人的基本情况和案由，以及车辆厂牌型号、识别代码、牌照号码、行驶里程、重要装备、车身颜色、车辆状况等。

对于物品属性存在争议、不易分辨的物品，可以进行拍照、打印，由物品持有人签字后作为《扣押清单》附件。

对于文件，应当在特征栏内填写文件的制作者、文号、制作日期，以及是原件还是复印件。

扣押的情况应当制作《扣押笔录》，由侦查人员、持有人和见证人签名。制作要求可以参照搜查笔录。对无法确定持有人或者持有人不在场、拒绝签名的，侦查人员应当在笔录中注明。在勘验、检查、搜查过程中扣押，已制作有关笔录记明扣押情况的，不再制作《扣押笔录》。

办案人员依法扣押涉案财物后，应当在 24 小时以内移送至涉案财物管理人员，并移交《扣押清单》的"交公安机关保管人员"联，由接收人员签字接收。对于因涉案财物权属不清等原因，现场难以确定是否涉案而先行扣押的，应当在扣押后立即组织开展甄别，核实权属，查明是否涉案，对于经查明确实与案件无关的，应当在 3 日以内予以解除、退还，并通知有关当事人。

七、涉案财物处置

扣押涉案财物应当严格依照法定条件和程序进行，不得在刑事案件立案之前采取扣押或变相扣押措施。与案件无关的财物、文件，不得扣押。对单位或者个人在报案时提供的有关证据材料、物品等应当当场登记，并制作《接受证据材料清单》，无须办理扣押或调取手续。对于依法扣押的金银、珠宝、文物、名人字画等贵重财物，办案部门应当及时鉴定、估价。侦查过程中，发现与本案无关的爆炸物品、毒品、枪支、弹药和淫秽物品及其他危险品或者违禁物品，应当立即扣押，固定相关证据后，交有关部门处理。

第七节　视频侦查

近年来，我国视频监控系统快速发展，视频侦查已成为打击刑事犯罪新的重要的技术手段，并在侦查破案和执法办案中发挥着日益重要的作用。视频监控系统能够直观显示、客观反映案发现场情况，具有实时监控、提供线索、锁定目标、固定证据、威慑犯罪等功能。全国公安机关刑侦部门在侦查破案实践中，利用视频监控系统积极开展视频侦查，开拓了"从像到像""从像到人"的全新侦查模式；特别是通过与现场物证信息、人员信息、网络信息、通信信息和车辆信息等的有机结合，有效拓展了现场勘查的时空，扩大了调查访问的对象，丰富了案件线索的来源，提高了跟踪堵截的精确度，充实了诉讼证据的组成结构，在侦查破案中发挥了不可替代的特殊作用，已经成为公安机关精确打击刑事犯罪的有力武器。❶

一、视频侦查的概念

视频侦查是指在侦查工作中利用视频监控系统实时发现犯罪、制止犯罪、查获犯罪嫌疑人及可疑人员，利用视频回放寻找

---

❶　公安部五局. 视频侦查学 ［M］. 北京：中国人民公安大学出版社，2014.

发现侦查破案所需的线索和信息，确定案件性质、侦查重点、侦查途径，锁定犯罪嫌疑人的一种侦查模式。视频侦查是研究运用视频监控技术获取侦查线索、收集诉讼证据及开展相关侦查工作的方法，它需要结合应用刑事侦查学、现代图像学、逻辑学及证据学等相关学科的知识。

视频侦查中应用的同一认定和种属认定主要是针对外在形式或外表形象所做的同一认定或种属认定，其形式主要包括两种：一是特定的不同时间与空间中的嫌疑图像之间的同一认定或种属认定；二是不同的时间与空间的视频图像与现实中嫌疑客体的同一认定或种属认定。

二、视频侦查的职能

视频侦查的基本职能定义为目标追踪、信息存储、图像筛查和主动侦查四个方面，以大要案视频目标追踪为中心、以整合地区涉案影像资源为内容、以提升图像清晰化处理水平为手段、以发展主动侦查手段为补充。

（一）目标追踪

视频侦查承担对重特大案件强势攻坚，以协助侦破敏感、疑难案件为突破口，充分发挥视频专业技术人员自身技能强、业务精、经验足等专业优势，在案件侦破工作中发挥组织引导职能，保证案件的视频侦查工作有序开展，完成视频侦查目标追踪工作。充分将派出所、侦查队、技术队、视频队共同作为视频侦查的主体。视频侦查的目标追踪职能主要包括两个方面：一方面对于重特大敏感案件，在视频侦查目标追踪中发挥指挥组织的作用，引导专案民警共同完成目标追踪工作，不盲目的对所有案件进行目标追踪；另一方面对于多发性侵犯财产案件等常见案件进行视频技术支持，帮助侦查员"追头""追来""追走"❶。

（二）信息存储

视频侦查队对大量散落的视频资源进行整合，分析研判串并案件。加强视频影像资料信息化工作，必须能够适应社会信息服务体系系统，将视频影像资料信息资源进行处理后实行开放利用，充分发挥视频影像资料的服务功能。通过刑事影像综合应用平台，发挥数据库在影像保存、查询、统计等方面的技术优势，发掘打击多发性侵财犯罪的增长点，有效开展视频侦查信息存储工作，深化视频图像由案后被动应用向主动应用转变，由个案应用为主向信息化综合应用转变，真正实现"从像到人"的视频侦查模式，从而拓展打击犯罪的侦查手段，提升预防和打击犯罪的能力和水平。

（三）图像筛查

视频侦查第三项职能是图像筛查，主要是通过研发图像清晰化处理水平，积极发展视频图像技术，建设领先的视频侦查实验室。在图像清晰化处理技术方面，进行涉案车辆车型比对、车辆牌照清晰化处理和涉案人员清晰化处理工作。通过图像筛查软件，提高视频筛查效率，帮助侦查员快速开展视频侦查，发现重大线索。

（四）主动侦查

侦查机关应全力发展视频主动侦查职能，积极探索通过架设监控探头，利用无线传输技术布建临时视频监控网络。例如，在

---

❶ 追头指在视频中查找追踪目标人的头；追来和追走指追踪来去路线。

侦破一起系列强奸案件时，深受现场周边监控设备过少的影响，侦破工作进展缓慢，视频侦查组在根据案情综合研判，在案发地周边主动架设 3 个监控探头，将犯罪嫌疑人的落脚点被划定在一个较小范围，大大缩减摸排工作范围，最终将犯罪嫌疑人抓获。

三、视频侦查的步骤

专业化视频侦查可以划分为六个基本步骤，并形成规范性程序，在每个规范性程序中，引入专业化培训、指导和监督职能。

（一）调取视频

视频侦查队将区街乡镇村视频影像系统整合接入视频侦查实验室，实现了在实验室内部就能跨街道实行目标轨迹追踪。通过此系统在犯罪发生第一时间就能进行轨迹追踪。在目标轨迹断裂，没有视频影像可循的情况下，由侦查员、技术员到中心现场附近调取单位内部视频资料，如商场、医院、地铁内部的视频资料，继续进行目标追踪。视频调取工作一般交由侦查员和技术员在现场勘查中提取，视频侦查队也对一些复杂视频存储系统进行现场调取。

（二）追踪筛查

追踪筛查是视频侦查一项基本职能。以盗窃机动车犯罪案件为例，犯罪分子驾车作案是当前盗窃机动车犯罪的重要特征，因此，寻找车辆轨迹成为突破案件的唯一途径。在盗窃机动车犯罪发生后，侦查人员通过调取相关视频监控信息以收集线索和证据，进而查获犯罪分子并进行深挖犯罪工作。具体而言，可以通过调取现场附近的监控以排查车辆的车型、车牌和细节特征；通过附近高速公路卡口信息调查案发前后嫌疑车辆的车型、车牌信息，以及乘车人的人身影像形象信息等。侦查实践表明，视频监控信息的应用，为盗窃机动车犯罪案件的现场勘查、案情分析和调查取证等工作的顺利开展提供了更客观的依据。

(三) 分析研判

视频侦查队积极对案件进行分析研判，总结视频侦查技战法，将图像对比法、行为关联法、寻找伴随法等多种视频侦查技战法应用到案件办理中，有效地提高了视频侦查分析研判功能。在视频分析研判中，加强技术部门与情报部门的结合，形成情报技术联合作战的研判小组对案件进行梳理整合分析，定期展开情报会商。

(四) 提供线索

在案件的侦破过程中，侦查人员可以利用视频监控信息指导侦查活动。大多数情况下，视频监控是不能够直接锁定犯罪嫌疑人的，而是被用于犯罪嫌疑人身份的确定、侦查方向的明确和侦查范围的缩小等方面。因此，无论对视频监控图像进行何种提取、处理和研判，往往最终还是需要侦查人员实施相关的"落地侦查"工作，但视频信息给案件侦破提供了大量的线索，包括犯罪嫌疑人影像信息、轨迹信息等重要线索。

(五) 信息存储

将视频影像资料库建立工作纳入侦查工作中，选择好视频影像资料的汇集点，由专人负责定期归档。为适应视频工作发展的需要，从以往的"分散各异"转向"集中统一"，打破部门界限，建立专门的视频影像资料汇集点，负责将日常工作中形成的具有保存价值的视频影像资料归档，建立完成视频影像存储平台。

（六） 串并案件

视频监控的可回溯性决定了其具有涉案认定和犯罪重现的功能。通过对视频反复甄别，并案侦查，为系列案件的串并提供依据。在案件的侦破过程中，通过对相关视频监控信息进行综合分析和比对，重点对案发地区重复出现的所涉人员等情况进行研判，判断是否具备并案条件。一旦实施并案侦查，通过研判视频监控资料常常能够找到侦破系列犯罪案件的突破口和最佳途径。

四、当前公安视频侦查专业队伍的建设发展和运作模式面临的问题

随着视频侦查的快速发展，刑侦部门利用视频图像开展侦查活动已经由简单的图像辨认向"以像到人"侦查模式转变，视频侦查已成为侦查破案新的增长点。应公安部信息化建设的要求，各地市分县局纷纷组建视频侦查专业化队伍，有效应用视频侦查技术应对犯罪。一般的做法是在技术队下设视频中队等建制，抽调相关民警组成视频侦查专业化队伍。这种专业化队伍是城市视频监控系统快速发展和视频技术不断更新并有效应对犯罪的必然产物，各地市分县局视频队也相继破获了不少大要案，视频侦查专业化队伍建设成果可喜。

专业化的视频队暴露出了大量问题：一是视频民警缺乏与侦查员的沟通。视频队前期不参与案件办理，无法获得案件相关信息，仅通过对侦查员从一线调取的视频进行梳理，很难真正给案件提供线索；二是视频量大，案件多，使视频民警疲惫不堪。实践中，有很多系列侵犯财产案件，串起来有70多起，调取视频达几千小时，将如此巨大工作量的视频材料一味地丢给视频组进行分析研判，可能会导致视频民警工作倦怠。三是视频筛查工作

单一。视频民警整天就是看视频，长时间工作积极性降低，不利于视频专业人才队伍建设发展。四是容易导致工作推诿。各地区视频队成立后，一线侦查员和派出所民警认为只要有视频都是视频队的事，自己不去通过视频侦查破案，一味交给视频专业队去做，过分依赖视频队，形成工作推诿。

案例6 "12·08"任某某故意伤害致死案

2011年12月8日21时23分，在某小区发生一起伤害致死案。经工作，专案组于2011年12月22日21时，将犯罪嫌疑人任某某（男，31岁）抓获。经突审，其对自己的犯罪事实供认不讳，此案成功告破。

一、简要案情

（一）报案情况

2011年12月8日18时53分，陈某拨打110报警，其朋友于20分钟前在某小区被一名黑车司机持刀扎伤致死。

（二）死者基本情况

穆某某，男，21岁，户籍地：……暂住地：……个体水果店店主。

（三）现场勘查及法医检验

现场位于某小区16号楼南侧某路由东向西方向机动车道，现场所在路段为东西双向路段，现场路面未见异常状况。现场西侧为××环岛，东侧延伸至××。

死者胸部偏右可见条形创口一处，创道深达胸腔。左季肋部可见创口两处，深及皮下，无明显出血，其中一处创缘整齐，另一处创缘不规则。死亡原因系失血性休克。

二、前期工作情况

（一）访问情况

经访问死者女友吴某得知：12月8日18时20分许，其与穆从自己经营的鲜果源水果超市离开，二人走到小区外主路边招手打车，一辆黑车与一辆出租车先后停下，因二人未乘坐黑车，双方发生纠纷并扭打，随后黑车司机从车内取出一把水果刀将事主扎伤后逃离，吴某立刻返回到水果店将穆的母亲和朋友陈某叫出。18时31分，陈某拨打120报警，并将死者送至民航总医院抢救，后死者经抢救无效死亡。

（二）监控录像察看情况

专案组对案发现场周边及途经现场的公交车监控录像进行察看发现一辆可疑车辆，经与夏利轿车经销商咨询，确认该车为三厢夏利"N3＋"型轿车。

三、案情分析及工作部署

根据以上情况，专案组认定此案为一起打车发生纠纷引起的伤害致死案件，制定下步工作如下。

（一）技术工作

对现场提取的痕迹物证进行检验鉴定。

（二）侦查工作

（1）进一步调取、察看案发前后现场周边及沿途监控录像，排查可疑人员和车辆；

（2）进行同期拦截路访，寻找目击证人；

（3）排查全市黑车及三厢夏利"N3＋"型轿车数据，从中查找涉案线索；

（4）协调案发地周边重点地区分县局及相邻省市，对嫌疑车辆开展摸底排查工作，同时对相关手机信息进行采集。

（三）其他工作

公交及情报中心等部门对涉案线索开展监控、甄别。

四、破案情况

（一）线索来源

经察看案发现场沿途案发前后的监控录像，追踪可疑车辆影像，专案组发现 12 月 5 日××西口高清探头拍到一辆车牌号为冀 RWH×××的灰色三厢夏利"N3＋"轿车，车辆特征与嫌疑车辆相符，经对该车辆进行全网查询，最终确定该车车主任某某具有重大作案嫌疑。

（二）抓捕经过

在技侦部门大力协助下，专案组于 2011 年 12 月 22 日 21 时，将犯罪嫌疑人任某某成功抓获。

（三）犯罪嫌疑人基本情况

任某某，男，31 岁，户籍地：××区××镇××村 350 号，黑车司机。

（四）犯罪嫌疑人供述情况

经讯问，任某某供述：8 日 18 时 30 分许，其驾车准备到××附近拉活，途经××小区时，看到一男一女站在路边招手打车，其将车停下后，二人并未乘坐，之后双方便发生口角。其被死者用随身携带的手包抢打几下后，跑回车上，死者继续对其进行追打，其便取出车内的单刃尖刀将死者扎伤后驾车逃离现场。

第八节 大数据侦查

大数据侦查的本质特征是侦查技术融合发展。如果说过去的侦查发展是伴随着法医学发展的，那么后来的侦查发展则是伴随着刑事科学技术发展的。当今，侦查发展是伴随着网络科学的发展，相继产生了信息化侦查和大数据侦查。大数据时代，侦查与技术紧密融合，产生了大数据侦查。可以说，侦查的发展演变是传统侦查——信息化侦查——大数据侦查。在大数据时代，数据转化为信息，信息产生情报，情报带来线索，线索提供证据，证据证明事实。在信息化侦查逐渐发展成熟的今天，大数据侦查登上历史舞台。

一、大数据侦查的概念

大数据侦查是指为了获取与案件相关的数据、线索和证据，查清案件事实，查获犯罪嫌疑人，监控和预测犯罪形势而进行的以海量数据为基础，以大数据技术为支撑，以大数据思维为引领的侦查活动。❶ 侦查是一个开放性、多样性的概念，在大数据时代，更加体现了侦查的创新性特点。大数据时代的到来，将大大提升侦查的资源、技术和思维水平，拓展侦查的时间和空间外延。

二、大数据侦查的特征

大数据时代，是一个数据开放与共享的新时代。人人参与社会管理，人人为社会作出贡献。对于侦查领域来讲，拨开大数据的神秘面纱，在法定框架内，实现侦查机关内部数据的开放和共享，实现侦查活动和社会资源的良性互动，实现侦查人员和人民群众的互相支持，将是未来侦查发展的大趋势。

（一）侦查主体的广泛性

大数据侦查的首要特征为侦查主体的广泛性。大数据侦查时

---

❶ 王超强，刘启刚. 大数据侦查的理论基础与实践价值［J］. 广西警察学院学报，2017，30（4）：50－55.

代，在侦查主体广泛性上对现有的法律法规将是一个挑战。大数据侦查要求更多的警企合作，警企合作中大数据公司的企业人员将作为数据支持者参与侦查活动，这也是一个不可避免的现实需要。而《刑事诉讼法》明确规定侦查主体是享有侦查权的国家机关工作人员，即警察和检察官等，大数据侦查下侦查主体的扩大将对侦查的法律规制带来挑战，是一个亟须解决的问题。

（二）侦查资源的丰富性

侦查工作中，掌握充分的信息十分关键。侦查中要树立数据化的理念，只要是合法的数据，通过合法的渠道收集，我们就可以用来为侦查工作服务。大数据侦查的数据来源十分广泛，包含多个方面。除了以传统的侦查基础工作和侦查情报工作为基础外，更应该看到社会化大数据的巨大潜力和价值，从各个方面去收集数据、分析数据、关联数据和利用数据。侦查数据主要有以下四个来源：一是量化自我的个人数据；二是侦查工作的业务数据；三是公安管理的各项数据；四是社会管理及其他社会化的数据。

（三）侦查时空的无限性

大数据侦查的时空无限性，是指大数据侦查的海量数据、先进技术可以使侦查活动打破时间和空间的界限，通过大数据的数据收集、存储、清洗、处理和分析技术，可以高效获取侦查数据、线索、证据，实现侦查办案的无限性和高效性。

三、大数据侦查措施应用的创新和规制

参考将大数据侦查措施划分为任意侦查行为和强制侦查行为，对于强制侦查行为一律在立案后适用；对于查询类的任意侦

查行为可以在初查中适用。调取证据、查询大数据侦查行为，可在初查中适用；侦查技术可在初查、侦查中适用；涉及隐私的技术侦查措施、网络侦查只能立案后适用；强制秘密侦查行为只能立案后适用；任意秘密侦查行为可以在立案后适用，包括公共场所的守候、跟踪（网络巡查）、监视数据监测、视频侦查、化妆侦查、经同意监听。必须建立相关的大数据侦查法律规范才能赋予大数据侦查合法地位。大数据侦查在创新中有所规制是大数据侦查发展的必由之路。

四、大数据证据的应用

大数据证据的基本分类包括两种，记录性数据和预测性数据。记录性数据指借助现代信息提取技术对社会主体之间的交易记录、聊天记录、活动轨迹等信息的客观记录和固定；预测性数据指借助云计算等现代信息分析技术通过回归分析、聚类分析等对海量的与案件事实相关的数据进行深度挖掘、综合分析、自动研判，从而生成的对于查明案件真实具有积极意义的"倾向性意见"。目前对于记录性数据可以转化为证据适用，预测性数据还需要一系列法律规制和技术指导才能转化为证据适用在刑事诉讼中。

第九节　强制措施

强制措施包括拘传、拘留、逮捕、取保候审、监视居住五种。根据法律规定，刑事传唤（包括口头传唤）不是强制措施。五种强制措施适用都涉及犯罪嫌疑人人身权利，必须要有最严格的法律规制，实行"强制侦查法定主义"。强制措施的规定和实行是最能体现侦查发展的规制内容。

一、拘传

（一）拘传的概念

拘传，是指公安机关、人民检察院或者人民法院，为使犯罪嫌疑人、被告人及时到案接受讯问，对经过合法传唤无正当理由拒不到案，或者根据案件的情况应当强制到案的犯罪嫌疑人、被告人所采取的一种强制到案的方法。拘传是限制人身自由的五种强制措施中最轻的一种，正确地适用拘传，有利于公安机关依法查明案情，保证刑事诉讼的顺利进行。

（二）传唤

拘传不同于传唤，传唤是公安机关、人民检察院和人民法院使用传票通知刑事诉讼的当事人在指定的时间自行到指定的地点接受讯问的诉讼活动。传唤不是一种强制措施，不具有强制性。拘传持续的时间不得超过 12 小时；经批准，拘传持续的时间不得超过 24 小时。拘传为刑事强制措施的一种，强制力比刑事传唤要高，对经传唤后无正当理由拒不到案的犯罪嫌疑人使用。行政案件中也有强制传唤，对无正当理由不接受传唤或者逃避传唤的违法嫌疑人可以采取强制传唤。

刑事传唤时限是 12 小时，经批准可延长至 24 小时。行政传唤时限是 8 小时，经批准可延长至 24 小时。

传唤时侦查人员出示传唤证和工作证件，并责令被传唤人在传唤证上签名、捺指印。到案后，在传唤证上填写到案时间。传唤结束时，填写传唤结束时间。拒绝填写的，侦查人员应当在传唤证上注明。侦查人员经出示工作证件，可以口头传唤，并将传唤的原因和依据告知被传唤人。在笔录中应当注明其到案方式，并注明到案时间和传唤结束时间。对自动投案或者群众扭送到公安机关的，可以依法传唤。行政案件、刑事案件传唤的工作流程标准一致。根据法律规定传唤时间的填写应该由被传唤人自己填写，如被传唤人无法自己填写或者拒绝填写的，由侦查人员代为填写，并做好记录工作。

（三）拘传的适用条件

拘传的对象必须是已经被立案侦查的犯罪嫌疑人。立案是标志着刑事诉讼活动正式开始的重要环节，除紧急情况外，在立案以前，侦查机关不能对犯罪嫌疑人采取强制措施和其他强制性侦查行为，立案以后才能依法采取强制措施或实施其他强制性侦查行为。

侦查机关适用传唤的条件分为两种情况：一种是侦查机关先通过传唤方式要求犯罪嫌疑人到案接受调查，对经合法传唤而没有正当理由拒不到案的犯罪嫌疑人，再适用拘传。另一种是侦查机关可以根据案件的情况直接拘传犯罪嫌疑人，如传唤可能导致犯罪嫌疑人逃跑、隐匿、毁灭证据等。这两种情况由侦查机关根据案件具体情况自行决定如何适用。

（四）拘传的程序

案件的侦查过程中需要拘传的，由办案部门制作呈请拘传报告书，并附有关材料，报县级以上公安机关负责人批准。经县级以上公安机关负责人批准，由办案部门制作拘传证，作为执行拘传的法律凭据。拘传应由两名以上侦查人员执行。执行拘传时，侦查人员应当表明执法身份，出示其工作证件，说明其工作单位和执法活动的情况，并向犯罪嫌疑人出示拘传证，责令其在拘传证上签名（盖章）、捺指印。对宣布拘传的犯罪嫌疑人，应该当将其带至规定的地点进行讯问，执行拘传时，如果犯罪嫌疑人不服从或者抵抗，可以依法使用约束性警械。

侦查机关采取拘传措施，在法律程序上应当注意以下几点：

第一，拘传持续的时间每次不得超过 12 小时，案情特别重大、复杂，需要采取拘留、逮捕措施的，拘传持续的时间不得超过 24 小时。不得以连续拘传的形式变相拘禁犯罪嫌疑人。拘传的持续时间，从到案时间起计算，至讯问结束为止。

第二，拘传犯罪嫌疑人，应当保证犯罪嫌疑人的饮食和必要的休息时间。

第三，侦查部门对被拘传人执行拘传后，应当立即进行讯问，并在 12 小时内根据证据收集情况，报县级以上公安机关负责人决定是否需要变更对被拘传人的强制措施，如采取拘留措施。结束拘传后，除变更为其他强制措施之外，不得限制被拘传人的人身自由，变更强制措施的应当在拘传期限内办理好相关的法律手续。

第四，拘传证一次有效，同一张拘传证不能多次使用。如果需要再次拘传同一犯罪嫌疑人的，应当重新呈批、制作、填发拘传证，但不得以连续拘传的方式变相拘禁犯罪嫌疑人。

第五，在异地执行拘传时，执行人员应持拘传证、办案协作函和工作证件，与协作地县级以上公安机关联系。协作地公安机关应当协助将犯罪嫌疑人拘传到该市、县内的指定地点或者到犯罪嫌疑人的住处进行讯问。

二、取保候审

（一）取保候审的概念

取保候审，是指公安机关、人民检察院或者人民法院为了防止犯罪嫌疑人、被告人逃避侦查、起诉和审判，责令犯罪嫌疑人、被告人提出保证人或者交纳保证金，担保其不逃避或者妨碍侦查、起诉和审判，并且随传随到的一种强制措施。取保候审是一种限制人身自由的强制措施，在英国、美国、德国等国家一般称为保释。

取保候审的方式有两种：一种是"保证人担保"，即公安机关、人民检察院和人民法院责令犯罪嫌疑人、被告人提供保证人，由保证人出具保证书，保证被告人不逃避侦查和审判并随传随到的一种强制措施。另一种是"保证金担保"，即由犯罪嫌疑人、被告人交纳一定数额的金钱做担保，申请暂时释放，并保证在刑事诉讼的各个阶段随传随到的一种强制措施。取保候审时限最长不得超过 12 个月。

（二）取保候审的适用条件

公安机关对具有下列情形之一的犯罪嫌疑人，可以采取取保候审：①可能判处管制、拘役或者独立适用附加刑的；②可能判处有期徒刑以上刑罚，采取取保候审不致发生社会危险性的；③患有严重疾病、生活不能自理，怀孕或者正在哺乳自己婴儿的妇女，采取取保候审不致发生社会危险性的；④羁押期限届满，案件尚未办结，需要继续侦查的。

为防止取保候审滥用，放纵犯罪嫌疑人，相关规定明确了不能适用取保候审的情形：一是《公安机关办理刑事案件程序规定》规定，对累犯、犯罪集团的主犯，以自伤、自残办法逃避侦查的犯罪嫌疑人，危害国家安全的犯罪、暴力犯罪，以及其他严重犯罪的犯罪嫌疑人，不得取保候审；二是《人民检察院刑事诉讼规则》规定，对于严重危害社会治安的犯罪嫌疑人，以及其他犯罪性质恶劣、情节严重的犯罪嫌疑人不得取保候审。

（三）取保候审的程序

对犯罪嫌疑人、被告人采取取保候审，可以由犯罪嫌疑人及其法定代理人、近亲属、辩护律师提出，也可以由公安机关侦查人员提出。公安机关认为需要对犯罪嫌疑人取保候审的，由办案部门制作呈请取保候审报告书，并附有关材料，报县级以上公安机关负责人批准。人民检察院决定取保候审的，应将其制作的取保候审决定书和填发的取保候审执行通知书送达公安机关，由公安机关执行。犯罪嫌疑人及其法定代理人、近亲属、辩护律师申请取保候审，一般应以书面形式提出，只有在特殊情况下，才允许使用口头形式。公安机关接到申请后应当在三日内做出同意或者不同意的答复。对犯罪嫌疑人、被告人决定取保候审的，应当责令其提出保证人或者交纳保证金。对同一犯罪嫌疑人、被告人决定取保候审的，不得同时使用保证人保证和保证金保证。对于符合取保候审条件的犯罪嫌疑人既不交纳保证金，又无保证人担保的，侦查机关根据案件具体情况，可以适用监视居住。

三、监视居住

（一）监视居住的概念

监视居住，是指公安机关、人民检察院或者人民法院为了保证刑事诉讼活动的顺利进行，依法将犯罪嫌疑人、被告人的活动区域限制在住所或者指定居所内，监视、控制其活动，以防止其妨碍侦查、起诉和审判的一种强制措施。与取保候审相比，监视居住较取保候审措施更为严厉，被监视居住的犯罪嫌疑人，其人身自由受到更多的限制，但未被全部剥夺。监视居住时间最长不得超过6个月。

（二）监视居住的适用条件

公安机关对符合逮捕条件，有下列情形之一的犯罪嫌疑人，可以监视居住：①患有严重疾病、生活不能自理的；②怀孕或者正在哺乳自己婴儿的妇女；③系生活不能自理的人的唯一扶养人；④因案件的特殊情况或者办理案件的需要，采取监视居住措施更为适宜的；⑤羁押期限届满，案件尚未办结，需要采取监视居住措施的。对人民检察院决定不批准逮捕的犯罪嫌疑人，需要继续侦查，并且符合监视居住条件的，可以监视居住。

（三）监视居住的程序

1. 呈请审批

公安机关、人民检察院、人民法院根据案件情况，需要对犯罪嫌疑人、被告人实施监视居住的，应当由办案人员制作呈请监视居住报告书并附有关材料，经办案部门负责人审核后，呈报县级以上公安机关负责人、人民检察院检察长、人民法院院长审查批准，经批准后，作出监视居住决定的机关应当制作监视居住决定书和监视居住执行通知书。

2. 确定监视居住的执行地点

《刑事诉讼法》第75条对监视居住的执行地点作出了明确要求：

（1）应当在犯罪嫌疑人、被告人的住处执行。

（2）无固定住处的，可以在指定的居所执行。

（3）对于涉嫌危害国家安全犯罪、恐怖活动犯罪，在住处执行可能有碍侦查的，经上一级人民检察院或者公安机关批准，也可以在指定的居所执行。但是，不得在羁押场所、专门的办案场所执行。

（4）指定居所监视居住的，除无法通知的以外，应当在执行监视居住后 24 小时以内，通知被监视居住人的家属。

四、拘留

（一）拘留的概念

拘留是对现行犯或重大嫌疑人员依法采取的临时剥夺其人身自由的一种强制措施。拘留是《刑事诉讼法》赋予公安机关和人民检察院的一项紧急处置权。刑事拘留的时限为 3 日，在特殊情况下，经批准后可以延长 1 日至 4 日，对流窜作案、多次作案、结伙作案的重大嫌疑分子，可以延长至 30 日。"流窜作案"，是指跨市、县管辖范围连续作案，或者在居住地作案后逃跑到外市、县继续作案；"多次作案"，是指三次以上作案；"结伙作案"，是指二人以上共同作案。

（二）拘留的适用条件

根据《刑事诉讼法》第 82 条的有关规定，拘留权由公安机关行使，公安机关对现行犯或者重大嫌疑分子，有下列情形之一的，可以先行拘留。对尚未立案侦查的，应当在抓获后立即办理立案、拘留手续。（1）正在预备犯罪、实行犯罪或者在犯罪后即时被发觉的；（2）被害人或者在场亲眼看见的人指认其犯罪的；（3）在身边或者住处发现有犯罪证据的；（4）犯罪后企图自杀、逃跑或者在逃的；（5）有毁灭、伪造证据或者串供可能的；（6）不讲真实姓名、住址，身份不明的；（7）有流窜作案、多次作案、结伙作案重大嫌疑的。

在侦查实践中，如有下列情形之一，公安机关也可以先行实施拘留：

其一，拘传后被拘传人被认定罪该逮捕但又需要补充必要证据的；

其二，在侦查过程中发现犯罪嫌疑人罪该逮捕但证据不足，短期内可以完备证据，不拘留不利于获取证据的；

其三，被群众扭送到司法机关的现行犯罪嫌疑人，经审查发现需要采取拘留措施的。

（三）拘留的程序

公安机关需要拘留犯罪嫌疑人时，由办案部门制作呈请拘留报告书，报县级以上公安机关负责人批准。人民检察院决定拘留犯罪嫌疑人的，公安机关收到并核实有关法律文书和有关案由、犯罪嫌疑人基本情况的材料后，应当报请县级以上公安机关负责人签发拘留证，并立即派员执行，人民检察院可以协助公安机关执行。

对于符合拘留条件，因情况紧急来不及办理拘留手续的，应当在将犯罪嫌疑人带至公安机关后立即办理法律手续。拘留后，应当立即将被拘留人送看守所羁押，至迟不得超过 24 小时。异地执行拘留的，应当在到达管辖地后 24 小时以内将犯罪嫌疑人送看守所羁押。除无法通知或者涉嫌危害国家安全犯罪、恐怖活动犯罪通知可能有碍侦查的情形以外，应当在拘留后 24 小时以内制作拘留通知书，通知被拘留人的家属。拘留通知书应当写明拘留原因和羁押处所。对于没有在 24 小时以内通知家属的，应当在拘留通知书中注明原因。此条中所指的"通知"是要做出通知的行为，如通过邮寄等方式送达通知书，而不是指要在 24 小时内让嫌疑人家属接到通知书。采取刑事拘留措施时，应当向被拘留人确认拘留通知书的送达地址，并告知被拘留人将依其确认的地址邮寄送达；被拘留人拒绝提供地址的，应当告知被拘留人将向其户籍登记地址邮寄送达。地址确认及告知情况应当记入笔录，邮寄凭证应当附卷备查。

五、逮捕

（一）逮捕的概念

逮捕，是指人民法院、人民检察院和公安机关为了保证侦查、起诉和审判工作的顺利进行，依法在一定期限内剥夺犯罪嫌疑人、被告人身自由，并对其实行羁押审查的一种强制措施。

逮捕是强制措施中最为严厉的一种，对犯罪嫌疑人、被告人羁押的时间比拘留长，正确及时地适用逮捕措施，不仅有利于全面收集证据、查明案情、证实犯罪，而且将犯罪嫌疑人、被告人在刑事诉讼过程中予以羁押，能够有效防止犯罪嫌疑人逃避、妨碍侦查、起诉和审判工作的顺利进行或继续实施危害社会的行为。

（二）提请逮捕

对有证据证明有犯罪事实，可能判处徒刑以上刑罚的犯罪嫌疑人，采取取保候审尚不足以防止发生下列社会危险性的，应当提请批准逮捕：①可能实施新的犯罪的；②有危害国家安全、公共安全或者社会秩序的现实危险的；③可能毁灭、伪造证据，干扰证人作证或者串供的；④可能对被害人、举报人、控告人实施打击报复的；⑤企图自杀或者逃跑的。对于有证据证明有犯罪事实，可能判处10年有期徒刑以上刑罚的，或者有证据证明有犯罪事实，可能判处徒刑以上刑罚，曾经故意犯罪或者身份不明的，应当提请批准逮捕。

被取保候审人违反取保候审规定，具有下列情形之一的，可以提请批准逮捕：①涉嫌故意实施新的犯罪行为的；②有危害国家安全、公共安全或者社会秩序的现实危险的；③实施毁灭、伪造证据或者干扰证人作证、串供行为，足以影响侦查工作正常进行的；④对被害人、举报人、控告人实施打击报复的；⑤企图自杀、逃跑，逃避侦查的；⑥未经批准，擅自离开所居住的市、县，情节严重的，或者两次以上未经批准，擅自离开所居住的市、县的；⑦经传讯无正当理由不到案，情节严重的，或者经两次以上传讯不到案的；⑧违反规定进入特定场所、从事特定活动或者与特定人员会见、通信两次以上的。

（三）执行逮捕

接到人民检察院批准逮捕决定书后，应当由县级以上公安机关负责人签发逮捕证，立即执行，并将执行回执送达作出批准逮捕决定的人民检察院。如果未能执行，也应当将回执送达人民检察院，并写明未能执行的原因。

执行逮捕时，必须出示逮捕证，并责令被逮捕人在逮捕证上签名、捺指印，拒绝签名、捺指印的，侦查人员应当注明。逮捕后，应当立即将被逮捕人送看守所羁押。执行逮捕的侦查人员不得少于二人。

对犯罪嫌疑人执行逮捕后，除无法通知的情形以外，应当在逮捕后 24 小时以内，制作逮捕通知书，通知被逮捕人的家属。逮捕通知书应当写明逮捕原因和羁押处所。逮捕通知与拘留通知的方式一样。

对犯罪嫌疑人逮捕后的侦查羁押期限不得超过 2 个月。逮捕后延长羁押期限最多 3 次，第一次延长时限为 1 个月；第二次延长时限为 2 个月；第三次延长时限为 2 个月（见表 3.9.1）。

表 3.9.1 逮捕延长侦查羁押期限的条件与时限

延期	条件	时限
第一次延期	案情复杂、期限届满不能侦查终结	
第二次延期	1. 交通十分不便的边远地区的重大复杂案件； 2. 重大的犯罪集团案件； 3. 流窜作案的重大复杂案件； 4. 犯罪涉及面广，取证困难的重大复杂案件	均是在期限届满 7 日前送请同级人民检察院
第三次延期	对犯罪嫌疑人可能判处 10 年有期徒刑以上刑罚，两次延长期限届满，仍不能侦查终结的	

（四）不批准逮捕

对于人民检察院决定不批准逮捕的，公安机关在收到不批准逮捕决定书后，如果犯罪嫌疑人已被拘留的，应当立即释放，发给释放证明书，并将执行回执送达作出不批准逮捕决定的人民检察院。

第四章

常见案件侦查

第一节　命案侦查

命案侦查是公安机关最常见的一种案件侦查，这不是一个法律术语，是公安部为了考量全国公安系统侦破案件水平，针对八种常见的重大暴力犯罪致人死亡的案件进行汇总的一种称谓。命案侦查由来已久，从 2004 年确立之日起，经过历年的案件侦查，全国公安机关将侦破命案作为公安机关侦查能力的体现进行评判。可以说，命案侦查水平的提高最能反映刑事诉讼 40 年来侦查发展的创新和规制能力。

自 2008 年以来，我国普遍推行"命案必破"的口号，虽然直到今日"命案必破"一直都在遭受法学家及社会相关人士的诟病，但从侦破命案的角度来看，它确实起到了促进全面提高全国公安机关命案侦破水平的作用。从 2015 年起，全国多家公安机关实现 100% 命案必破的侦破能力，彰显着公安机关的侦查水平和能力。命案的侦破既体现了侦查发展的创新，又体现了侦查发展的规制。合成作战机制、专案侦查机制及疑似被侵害失踪人员案件侦查机制等创新机制，都为命案侦破奠定了基础，在侦破手段上命案侦查大量使用大数据侦查、信息化侦查手段。无论从机制创新还是手段创新上，命案侦查一直都是在《刑事诉讼法》的指导下进行。对命案侦查权的规制使得命案在提取证据、收集证据上体现了诉讼性，从而能够完成 100% 的命案侦查诉讼目标。

与命案侦查相伴随的两个工作分别是疑似被侵害失踪人员案

件侦查和非正常死亡案件侦查。疑似被侵害失踪人员案件侦查又称立线侦查，通过对特殊的失踪人员开展先期调查确定其可能被害，从而开展侦查能够第一时间锁定犯罪嫌疑人。对于系列杀人案件侦查，立线侦查起到了不可替代的作用。非正常死亡案件侦查的程序和标准与命案相同，虽然非正常死亡案件最后定性为治安案件，交由治安部门办理，但非正常死亡案件的现场勘查及排除刑事案件嫌疑调查工作跟命案工作相同。只有规范化的非正常死亡案件调查工作才能保证不漏掉任何一个刑事案件，进而实现司法正义。

一、命案概念

所谓命案，是指故意实施犯罪致人死亡的案件。

二、八类命案

八类命案是指故意杀人、故意伤害致人死亡和爆炸、投放危险物质、放火、抢劫、强奸、绑架致人死亡的八种案件；也包括以危险方法危害公共安全、非法拘禁、聚众斗殴和寻衅滋事等犯罪中发生的致人死亡案件。在侦查实践中，公安机关常常对八类命案进行统计分析。八类命案是指故意杀人、故意伤害致死、强奸致死、抢劫致死、绑架致死、爆炸致死、放火致死和投毒致死。❶

三、我国命案侦查工作的变化及特点

40 年来，我国命案发案持续降低。从类案情况看，强奸杀人、绑架杀人、放火杀人、抢劫杀人案件大幅下降，部分县市针

---

❶ 公安部在 2004 年全国开展侦破命案的专项行动中的界定。

对特定命案进行有效预防，大幅度减少了命案的发生。2015 年以来，现行命案破案率再创历史新高，部分地区实现 100% 破案率，并保持连续几年 100% 破案率的成绩。当前，我国命案逃犯减少至新低，部分潜逃 20 年以上的命案逃犯均被抓获，命案攻坚克难能力进一步提升，重大恶性命案均得以成功侦破，系列性命案发案率明显降低，显示出坚强战斗力，实现了对系列性命案的预防控制。

四、命案侦查的主要内容

（一）新发命案快侦快破

按照打击犯罪新机制要求，在"快"字上下功夫，切实把握好现行命案发案初期的破案良机，做到出警快、勘查快、抓捕快，力争在最短时间内破获案件、抓获犯罪嫌疑人、消除社会影响。对于杀害 3 人以上案件、杀害 14 岁以下儿童案件、系列命案力争全部破获。抢劫杀人、强奸杀人案件的破案率明显提高。

（二）推进命案积案攻坚

加强对侦破命案积案工作的组织保障、警力保障、经费保障，组织开展命案积案攻坚行动。对于一批案件影响大、社会关注度高、破案难度大的目标案件，组织专家蹲点会诊研究，下大力气推进案件侦破工作。

（三）侦破命案信息化工作

依托全国刑侦系统，加强命案信息的录入、管理、应用工作。学习全国刑专平台的串并案功能，加强日常研判，实时串并比对，推动实现命案之间、命案与其他刑事案件之间的串并。重视未知名尸体、疑似被侵害失踪人员的信息录入工作，最大限度地提取指纹、DNA 等人身识别信息，提高运用系统侦破疑难隐漏命案的能力。

（四）侦破命案规范化工作

探索固化命案类案侦查的操作性规范。注重在命案证据的收集、运用工作中形成规范，强化命案侦办的精细化操作和全程质量控制，提高办案质量。

（五）积极防范命案发案

各地根据本地命案发案的规律特点，有针对性地采取防范措施。重点加强对"民转刑"命案、个人极端暴力命案的防范，强化对重症精神病患者、易肇事肇祸吸毒人员的管控。加强对卖淫女、出租车司机等高危人员的信息收集和摸底掌控。研究"互联网＋"形势下的命案防范工作，重点加强利用互联网获取麻醉弩箭杀人、利用互联网雇凶杀人、利用互联网勾连实施杀人等新型案件的防范，最大限度地减少命案发生。

五、命案侦查工作机制

侦破命案工作应该坚持"命案必破"的指导思想，不断向"两高一低"（命案破案率高、办案质量高、发案数低）的奋斗目标迈进，严格落实"一长双责"制（公安局长领导下的专案组长和刑事技术部门负责人负责制），打好合成战、证据战、科技战、信息战，提高命案工作效率，确保侦破命案工作质量。

（一）合成作战工作机制

侦办命案工作是各警种的共同职责，刑侦（包括刑事技术）、指挥中心、情报、网安、技侦、治安、派出所、消防、交警、巡警、出入境、法制、纪检督察、监管、科技（信通）、警保、外宣、政工、训练等部门，均应根据本单位在侦办命案工作中的相应职责，积极主动地开展工作，服从和服务于最大限度地提高侦办命案工作，提升破案办案能力的总体目标，建立以刑侦部门为主力军，统一指挥、多警联动、密切配合、保障有力的侦办命案合成作战机制。

刑侦部门是侦办命案工作的主力军，要充分发挥侦办命案牵头组织指挥的核心作用，科学决策、合理分工、统一指挥、协调各方、恪尽职守，攻坚克难，充分整合利用各警种的资源优势，全面落实合成作战机制，形成侦办命案的合力。勤务指挥部门要发挥信息灵敏、指挥快捷的优势，快速果断处置命案警情，实现侦办命案快速反应联动的要求。治安部门、派出所在治安行政管理工作中，要加强基层基础工作，加强对重点人口、暂住人口的管理，严密社会面的控制，建立辖区命案高发案人群基本信息档案（包括照片、DNA、指纹等）；加大对出租房屋、旅店业、公共复杂场所、行业的管控力度，注意发现命案线索，做好命案防范工作；强化对能反映辖区详细地形地貌的地图、重要建筑物平面图等资料的搜集；全面掌握辖区各类监控资源的分布情况，为命案侦查提供强有力的基层基础信息保障。法制部门要积极协助刑侦部门解决执法疑难问题，为侦办命案提供法律支持，做好命案卷宗审核把关，确保办案质量。监管部门要在监管场所开展狱内攻势，深挖犯罪[1]，动员在押人员积极检举揭发命案线索，充分发挥"第二战场"的作用。交警、巡警要在日常巡逻堵卡中，强化侦查意识，提高发现和打击犯罪的能力；交警部门要为命案

---

[1] 深挖犯罪指对犯罪嫌疑人未交待的犯罪行为和证据进行梳理，找出线索。

侦查提供道路交通保障。消防部门对于有可能由命案引发的火灾现场，要积极会同刑侦部门一起勘验现场，做到同勘察、同提取、同鉴定、同研究，实事求是、科学准确地判断火灾的形成和原因。出入境部门要积极配合刑侦部门开展对境外人员命案的调查工作。警务保障部门要为命案侦查工作做好后勤服务保障。外宣部门负责侦办命案的舆论引导，要建立重大命案现场新闻工作制度，统一新闻宣传口径，严格新闻宣传纪律，保守侦查工作秘密，正确引导社会舆论。政工部门（干部人力资源、教育训练、绩效考核）负责侦查队伍的警力配备、教育培训和考核激励等项工作。纪检、警务督察部门要不定期督导检查有关警种、部门侦办命案工作的落实情况，对违反规定的要及时纠正，严重的要按规定严肃查处。

（二）专案侦查工作机制

命案侦查实行专案侦查工作机制。专案组一般内设指挥决策组、现场勘查组、调查走访组、抓捕审讯组、专案内勤组、情报信息组、特情侦控组、后勤保障组、行技工作组、网安工作组、视频分析组、新闻舆情组等。专案组组长由指挥决策组组长担任，其他各组组长担任指挥决策组副组长或成员。

指挥决策组负责对案件侦查、办案的所有重大事项作出判断并提出具体工作要求，对专案工作负总责。现场勘查组负责命案的现场勘查及侦查阶段的现场保护工作，勘查后及时将勘查情况形成书面和多媒体材料，并对案件提出分析意见供指挥决策组参考。同时，现场勘查组对提取的物证等证据负有保管的职责。调查走访组可根据工作需要划分为现场走访、关系人排摸、重点查证和搜查取证等若干小组。每小组由组长指定一名负责人牵头开展工作，各小组负责人对组长负责。专案内勤组负责专案侦查过程中各类情报线索、专案分析讨论及决策指令的记录、整理、归档，并根据指挥决策组的要求及时上报各类情况信息；负责撰写《命案侦查日志》，制作各专业工作组的任务明细表、时间表，并督促检查落实情况，特别是实时跟踪、掌握重大线索的查证情况；负责归纳整理所有专案侦查的资料。后勤保障组负责专案侦查的办公用房、食、宿及参战民警家属的慰问等保障工作。技侦、网安等工作组负责技术侦控和网络侦查工作。抓捕审讯组负责发布通缉令、协查和组织抓捕行动等工作。犯罪嫌疑人到案后，抓捕审讯组要会同调查走访组对嫌疑人员开展审讯、取证工作。情报信息组负责信息综合查询、串并案工作和分析可疑人员，提供破案线索。监控录像组负责调取和查看案件侦查需要的各类监控录像，从中查找破案线索。特情阵控组负责物建和发动特情耳目和部署、落实阵地控制、控赃工作。新闻舆情组负责收集、掌握各类新闻媒体对于案件侦查的报道和反映，制定对外宣传口径，引导舆论宣传。

六、疑似被侵害失踪人员案件侦查

（一）失踪人员的接报案

失踪人员是指公民报警请求公安机关协助查找下落不明、现实生存状态不确定的人员。各级公安机关对失踪人员接处警原则是首接负责制。对群众反映的人员失踪情况，接报单位不得对失踪人员以居住地、暂住地、失踪地不符合管辖范围为理由进行推诿。接报单位受理群众反映的人员失踪情况后，必须将失踪人员信息按规定要求录入系统，并立即对失踪人员的基本情况进行询问、制作笔录。接报单位应要求报案人出具本人有效身份证明及失踪人员的有效身份证明，无法出具证明的，应当在记录中注明，要求报案人尽量提供失踪人照片；告知报案人在获悉失踪人员下落时，有向公安机关报告的义务。

（二）疑似被侵害失踪人员的界定和甄别

疑似被侵害失踪人员是指具有以下情形之一，可能遭到犯罪行为侵害而下落不明的人员，主要包括下列七种情况：

（1）失踪现场有明显的侵害迹象的。

（2）有证人证明失踪人员遭到侵害的。

（3）人与机动车一起失踪或携带大量财物失踪的。

（4）不满 14 周岁的未成年人失踪超过 48 小时的。

（5）失踪人员在失踪前与他人有重大矛盾纠纷的。

（6）失踪原因不明，失踪时间超过 3 个月的。

（7）其他疑似被侵害的。

在上述情况下，人与机动车一起失踪或携带大量财物失踪的；从事或曾经从事过某些特定职业，如非法买卖外汇、娱乐业、家政服务、业务员等突然失踪，下落不明的；处于特定生活状态，如上下班（学）途中、工作中、赴约后、利用网络媒体进行交易、交友、找工作、租赁等突然失踪，下落不明的；具有特定生活癖好，如吸毒、赌博、卖淫嫖娼、性行为混乱、同性恋等突然失踪，下落不明的；未成年人在正常上学、放学、游玩等过程中突然失踪，并有证据证明其失踪时有异常情况的；人大代表、政协委员、知名人士、民主人士及其他有一定知名度的公众人物、社会名流等身份特殊人员在正常状况下突然失踪且原因不明的；国家机关工作人员、军人和武警失踪且原因不明的；外交官员、外国人、华侨、港澳台同胞在正常状况下突然失踪且原因不明的；失踪人员在失踪前确有证据证明因感情、债务或其他矛盾等受到他人恐吓、威胁的；失踪现场有明显的侵害迹象或有目击者在失踪人失踪前发现重大可疑情况的（含精神不正常、智障人士）；失踪原因不明，失踪时间超过 2 个月的；其他可疑情况表明失踪人被害的。经过公安机关常年的侦查实战发现，失踪人员在这些特殊情况下失踪的，极有可能已经遭受到侵害，需要第一时间开展调查。

（三）疑似被侵害失踪人员的甄别流程

（1）失踪人员接报单位负有对失踪性质进行初期甄别的责任。工作内容包括询问报案人和失踪人员亲属及关系人，详细了解失踪人员姓名、性别、年龄、职业（生存手段）、生活习惯、性格特点、特殊癖好、体貌特征、随身携带财物、经济来源、经济状况等基本情况，以及对失踪人员失踪前后的活动情况、明显矛盾关系、可能引发失踪的突出事件进行了解，并询问报案人对失踪性质的看法。

（2）进行网上信息查询，排除其他原因导致的人员失踪。

（3）一般访问后，仍不能明确与失踪性质有关的失踪人职业（生存手段）、特殊癖好等情况，应开展相应调查工作予以确定。

（4）结合调查访问情况，调取、留存相关录像，确定失踪时间、失踪地区域范围。

（5）请报案人或失踪人的直系亲属协助提供失踪人的相关金融信息、通信信息、公交 IC 卡信息等其他失踪人亲属可直接调取的社会生活信息。

（6）受理失踪人员的派出所、治安支（大）队通过对失踪人员失踪情况的初查，发现有前述被侵害情况之一的，应在 24 小时内上报本分县局刑侦支（大）队，并将询问材料和其他工作材料移交本分县局刑侦支（大）队立即展开立线侦查。刑侦支（大）队在接到派出所、治安支（大）队移交的疑似被侵害失踪人员材料后，报请本分县局主管刑侦副局长审批后，开展立线侦查工作。

（7）对于不符合疑似被侵害失踪人员情形的，派出所及治安支（大）队应继续按照查找一般走失人员流程工作，发现有新证据证明该失踪人有可能被侵害的，需重新上报本分县局刑侦支（大）队开展立线侦查工作。

（8）在查找失踪人员工作中，发现绑架、杀人或拐卖人口等犯罪线索，符合立案条件的，应当依法立案侦查。

七、非正常死亡案件的处置

非正常死亡案件发案量大、社会影响力大。非正常死亡案件办理工作质量的高低，严重影响着群众对公安工作的满意度。为规范非正常死亡案件办理程序，及时化解矛盾，防止因各类不稳定因素引发群体性事件、个人极端事件，开展研究非正常死亡案件办理工作中的执法规范化问题势在必行。通过对非正常死亡案件办理中执法规范化问题的研究，形成一整套规范完整详细的非正常死亡案件办理规范化流程，是当前公安机关提升执法能力，规范公安执法的必然选择。

（一）非正常死亡案件现状介绍

随着社会经济的快速发展，人民群众的生活节奏加快，受到物质生活压力的增加和贫富悬殊差距的影响，近年来非正常死亡案件逐年增多。以北京市某区一年的非正常死亡案件来看，2017年北京市某区非正常死亡案件共计700余起，其中包括高坠150余起、猝死200余起等。非正常死亡案件成为引发群体性事件和非正常上访的重要导火索，稍有处置不当，极易影响当地经济发展和社会稳定。

（二）什么是非正常死亡案件？

"非正常死亡"在法医学上指由外部作用导致的死亡，包括火灾、溺水等自然灾难；或工伤、医疗事故、交通事故、自杀、他杀、受伤害等人为事故致死。与之相对的正常死亡，则指由内在的健康原因导致的死亡，如病死或老死。由于非正常死亡多是一些意外伤亡，不是正常规律导致的死亡，所以需由具备专门资格的人员进行检验之后方可确定。通常公安机关所称的非正常死亡是指除正常死亡和他杀死亡以外的其他方式的死亡，由此而演化成的治安案件或社会事件统称为非正常死亡案件。北京市公安局在《办理非正常死亡案件工作规定》中明确非正常死亡案件的范围是刑事案件、交通事故、火灾事故、重大责任事故致人死亡以外的，因自杀、意外事故、不明原因猝死等非正常原因导致死亡的案件。

（三）非正常死亡案件表现形式

由于死亡原因具有复杂性，非正常死亡案件的表现形式主要有自杀、猝死、意外三种表现形式。例如，就高坠案件来看，既包括自杀高坠，如大学生因为恋情问题跳楼；也包括意外性质的高坠，如小孩无意坠楼事件等。实践中，常见的非正常死亡案件主要包括高坠、溺水、猝死、缢死、服毒、病死、割颈、电击、注射、烧死十种表现形式。❶

---

❶　分类方法根据全国公安机关现场勘验信息系统关于案件类别中非正常死亡案事件的分类。

（四）非正常死亡案件办理的执法规范化流程

公安机关非正常死亡案件的办理工作，是公安机关工作中的一个重要组成部分，涉及治安、刑侦、消防、交管、国保、内保、文保、出入境等多个部门协同工作。非正常死亡案件办理工作质量的高低，严重影响着群众对公安工作的满意度。如何做到人民群众满意？简单来说，就是通过执法规范化来对非正常死亡案件办理工作进行规范，确定一套完备详细的非正常死亡案件办理的执法规范化流程，其中包括初期接报案，到场及时迅速开展工作；前期排除刑事嫌疑（以下简称"排刑嫌"），通过现场勘查调查访问进行非正常死亡定性；中期处置，治安部门等快速协调处理尸体；后期，建立健全家属见面告知机制。

1. 初期接报案

非正常死亡案件办理工作中，涉及的部门包括勤务指挥部门、刑侦部门、治安部门、出入境管理部门、内保部门、公交总队、铁路公安部门、交管部门、消防部门及各派出所。在初期接报案这个环节中，重点问题是非正常死亡案件的管辖问题，各部门在接到非正常死亡案件的第一时间开展工作。尤其是派出所，主要负责非正常死亡案事件的接报案，出警工作，开展保护现场，询问报案人，知情人等前期处置工作，并及时上报现场情况。

2. 前期排刑嫌

非正常死亡案件，一旦确定性质，属于治安管理的范畴，但从发案到确定性质前，大量工作都由刑侦部门来办理。刑侦部门在接受此类案件后，并不是带着非正常死亡的事先认知开展工作，而是按照命案工作相关法律程序办理，对尸体及周围现场开展全面、细致的侦查相关工作，从而来确定案件性质。从刑侦部门办理的非正常死亡案件的数量可以看出，办理这类案件是刑侦部门的一项相当重要的工作。刑侦部门在受理案件后，虽然在前期都有一个预判，但勘查人员首先要抛开判断是非正常死亡还是命案的念头，应该立即按照现场勘查标准化流程进行操作。不能因为在初期认定为非正常死亡就草草了事。刑侦部门应坚持做到规范记录，强化现场勘查及后期检验的程序意识。充分获取客观证据是正确办理非正常死亡案件的关键，增强程序意识可以帮助我们克服工作中的主观随意性和无原则的弹性，使工作更加完善透明，经得起历史、社会、公众和媒体的多重检验。非正常死亡案件现场勘查的程序要求与一般刑事案件相同，这就要求我们在工作中注意规范化，后期的检验也应完备，记录规格不低于甚至要高于一般刑事案件。

非正常死亡案件需要收集固定的客观证据应包含但不限于如下内容：

（1）现场勘验和法医检验的影像资料，如现场勘查的摄像、照相资料，尸体解剖检验过程的摄像、全方位照相（面部，眼睑，瞳孔，颈项，头顶，尸体前后、左右、上下6个侧面）的资料等。

（2）现场勘查中提取或扣押的各种物证和书证，如药瓶、酒瓶、绳索、电线、刀具及通信记录、遗书、日记、账单、书信、病历记录等。

（3）应用科学仪器和设备进行检验、检测所获得的原始数据和结论，如理化检验的数据、物证检验的结果、病理学检验分析的报告、生物物证的检验报告以及 DNA 检验的结论等。

（4）模拟实验或侦查实验的结果，如死者受困于某些特殊的环境或身体被固定在某种特殊的体位，以其自身的动作不可能逃离或解脱的证据；自伤或他伤动作、体位区别的模拟试验；行走距离、行为能力的侦查实验等。

（5）现场勘验检查记录、现场图、调查访问中获取的证人证言记录等。

3. 中期处置

刑侦部门排刑嫌工作结束，确定为非正常死亡案件后，交由治安部门按照相关流程进行处理。在这个过程中，主要涉及跟家属的多方面沟通，以及及时有效地快速处理尸体等工作。2013年"5·08"京温事件和"8·24"红门鞋城事件后，妥善处置非正常死亡案事件被置于事关地区稳定的高度，需要细致谋划。对于非正常死亡案事件的处置，需要认真研究处置过程中的每一个环节步骤，充分预估可能遇到的各类风险因素，确定需要重点把握控制的关键环节。紧密结合当前维稳形势和辖区实际，本着"依法处置、关口前移、主动服务、维稳第一"的宗旨，细化非正常死亡案件工作规定和非正常死亡案件处理处置工作基本流程，明确各单位在办理非正常死亡案件中的职责任务。

4. 后期建立健全家属见面告知机制

建立非正常死亡案件家属见面告知机制，将案件性质等向家属详细介绍，引用法医等科学知识让家属信服。经调查和勘验，确认受理的非正常死亡案（事）件不构成刑事案件，刑侦部门出具《死亡调查意见书》、法医部门出具《鉴定意见书》、治安部门出具《死亡的调查结论》。出于结论严谨性的考虑，这三个法律文书均应文字简练，不具体描述造成死亡原因的细节；不涉及死者主观意志的文字，如自杀、跳楼等；不涉及死亡责任，如因设施不完善至死者坠楼，因与他人闹入水等。《死亡调查意见书》仅有"该人死亡不属刑事案件"；《鉴定意见书》仅注明死因；《死亡的调查结论》也仅是客观描述死亡情形、死因及不属于刑事案件。虽然程序上完备且严谨，但在告知时仅凭这些结论很难让等待时久、情绪激动的家属接受。因此，形成一个告知内容较全面、清晰并有充分说服力的"死亡原因告知纲要"是十分必要的，在告知前应充分研究讨论告知内容与细节，保证既规范地对死者亲属进行死亡原因告知，又应提前预见告知可能产生的歧义及家属可能的争议内容。与《死亡的调查结论》不同，"死亡原因告知纲要"不仅要含死因，如窒息死亡、疾病性死亡等，还要告知导致死亡的性质，如事故性死亡、自杀身亡等；不仅要告知有关死亡原因的鉴定结论，还要全面阐述形成鉴定结论的事实根据；要用已查证的事实和科学的分析使被告知人（死者亲属）对调查结果和鉴定结论（包括死因和死亡性质）认可并签字。告知时要遵循"不乱说话原则"，案件的事实和结论不要脱离"死亡原因告知纲要"；除案件负责人有向死者亲属通报案情的义务之外，其他人不得随意向他人通报或解释案情；侦查人员在勘查、调查的过程中不得当着死者亲属的面随意泄露案情和议论案情；法医在尸检过程中不得当着死者亲属的面讨论和争议，也不得随意评说未经确认的现象和未经充分验证的结论。

非正常死亡案件的规范化办理，是侦办命案规范化建设的重要环节。各省市都出台了处置非正常死亡案事件工作规范，规定了对非正常死亡尸体和未知名尸体的处置原则、管辖分工，明确了现场勘查、尸体检验、调查走访、尸体处理等各个环节的规定动作，形成了一整套办理非正常死亡案件的公安机关执法标准体系。所谓公安机关执法标准体系，是指以社会主义法治理念为指引而建立的符合公安执法的内在联系而形成的科学的有机整体。具体而言，以修订完善的公安机关执法细则为基础，完善公安机关执法标准体系，主要包括接处警标准体系、案件办理标准体系、证据标准体系、警务管理服务标准体系和公安机关内部管理标准体系等。❶ 以非正常死亡案件办理标准体系为例，公安机关法制部门和相关业务警种可以出台相应的法律文书和笔录等案卷材料的全国统一标准的标准推荐格式，确保案件质量。进一步修订完善公安机关执法标准体系，设立执法主体标准、执法行为标准、执法流程标准、执法场所标准、执法保障标准等执法标准的规范内容，通过明确执法活动的责任主体和主体责任，进一步细化岗位职责，执法内容及其边界，为公安机关执法实践提供明确具体的指引。建立和完善科学、系统、细致、具体、完备的执法标准管理体系，明确执法实体标准、执法程序标准、执法主体标准，严格促进执法程序全程监控、考核记录、责任追究和履职激励等措施，形成完整的执法管理标准体系。

　　非正常死亡案件的规范化流程，小到一枚指纹的发现、提取、采集、入库、比对和提供线索，大到犯罪现场勘查的程序正义，刑事技术的执法规范化问题都渗透其中，并保证着勘查质量。规范化可以解决勘查中的很多问题，避免了勘查人员对案件的先入为主的思想，同时有效地解决了青年技术员经验不足的问题。规范化的操作使得勘查人员掌握规范化勘查流程，规避经验等因素的影响，整体提升整个刑事技术部门的勘查质量。

案例 7　"6·29"徐某故意杀人案

一、案发经过

　　2009 年 6 月 29 日 11 时 30 分许，汪某某前往 × × 派出所报警称：在其对外出租的房屋内有一男子死亡。12 时 30 分许，刑侦支队重案二队接指挥室布警称有一非正常死亡现场。

---

❶　张江伟. 论公安执法规范化建设 [J]. 北京警察学院学报，2017 (3)：7 - 13.

二、破案经过

(一) 接报非正常死亡现场, 细致勘验疑点重重

经勘查, 现场位于××院内门道北侧第一间出租房内。房门从外侧被锁, 锁头呈闭合状, 无外力破坏痕迹。房间内东西方向摆放一单人床, 死者头西脚东, 上身赤裸, 下着深蓝色条状图案平角短裤, 仰卧于单人床上。现场提取未能排除的足迹一枚, 未见死者手机。经法医初步检验, 尸体高度腐烂, 体表无明显外伤, 经解剖检验未发现任何异常, 初步推断死亡时间 4 天左右。

结合前期接报及现场勘查情况, 专案组分析认为现场物品摆放整齐、无明显翻动痕迹, 死者体表无明显外伤, 解剖检验未发现任何异常, 符合非正常死亡案件现场特点。但结合现场房门从外侧被锁, 锁头呈闭合状; 屋内发现手机外包装盒一个, 手机下落不明; 提取一未排除的足迹等情况, 专案组分析认为必有一人曾进入屋内停留, 并在离开时锁住房门。故专案组立即全方位查找核实该人身份。

根据专案组领导指示, 侦查员主要从细致走访事主关系人, 加大现场访问力度及调取案发现场周边监控录像等方面开展工作, 研判案件性质。

(二) 多方调查访问, 全面掌握死者情况

经核实, 死者名叫李某某, 男, 47 岁, 辽宁省抚顺市人, 在京暂住一出租房屋内。生前系门卫。

在现场勘查过程中, 侦查员从事主的通信录上查找到其姐姐的联系方式, 经电话联系得知: 李某某平日无任何不良嗜好, 身体健康状况良好, 无任何疾病, 2008 年年底来京打工。

据死者周边住户反映: 死者于 2009 年年初开始在该院内租住房屋, 平时不常在屋内居住, 只是有时来此睡觉后就离去。李某某自称有一在部队医院心脏病科当医生的妻子, 其妻了偶尔前

往李某某的暂住地，每次待两三小时后离开。2009 年 6 月 25 日 15 时许，邻居刘某见到死者在院内洗衣服，二人交谈时死者称其妻将于 26 日中午回家。此后再无人见到死者。

（三）整合前期线索，疑点浮出水面

结合死者邻居反映死者妻子可能于 6 月 26 日下午前往死者暂住地的重要情况，专案组在核实死者"妻子"身份的基础上立即对其展开前期询问。经核实，死者所谓的妻子名叫徐某、××园卫生站护士，与死者是老乡。徐某与前夫离婚后与死者一同从老家来，并以夫妻相称。

为试探对方的虚实，侦查员以常规询问为由，打电话约见徐某。徐某在得知李某某遇害的消息时情绪激动、痛哭流涕，但在接受询问时条理清晰，对侦查员的问话对答如流，并声称因经常遭到李某某的痛打辱骂已向李提出分手，且已有两个月未与死者联系了。现已有一新男友马某。侦查员凭借着敏锐的洞察力，立即察觉这一反常情况，并以核实徐某活动轨迹为切入点，制订了周密的侦查询问计划。

（四）多点信息相互印证，攻坚审讯攻破奇案

首先，专案组采取本人供述及关系人反映相互印证的方式，力图确切核实徐某 6 月 26 日的活动轨迹及衣着情况。专案组成员整合徐某家人、新男友马某、单位同事反映的情况，刻画徐某 26 日的活动轨迹如下：平时正常上班的徐某 26 日突然向单位请假，当日早 7 时许徐某离开家中前往马某在出租房的暂住地为其洗衣做饭，中午 11 时许二人在家一起吃午饭时徐对马说下午要外出帮同学的公公打针，当日徐某上着白色 T 恤，下穿深绿色短裤，脚穿一双墨绿色凉鞋。但徐某对侦查员称：26 日下午其到××市场给男友马某买衬衫，当日上着白色 T 恤，下穿深绿色短裤，脚穿一双白色凉鞋。

专案组立即调取××市场监控录像，通过反复查看并未发现徐进入××批发市场，此情况与其自称前往××市场给马某买衬衫的言辞相矛盾。与此同时，技术队通过对案发地提取到的痕迹物证进行进一步检验发现现场提取的未排除足迹与徐某家中存放的一双深绿色胶底凉鞋鞋底花纹相似，此情况又与其自称近两个月未与死者联系相矛盾。

结合上述多重疑点及徐某异常镇定自若的态度，专案组圈定徐某具有重大作案嫌疑，并立即对其展开讯问。侦查员对其晓之以理、动之以情，历经 4 小时的艰苦讯问，最终突破了犯罪嫌疑人的心理防线，徐某潸然泪下，交代了自己的全部犯罪事实。2007 年徐某在老家一家小医院做护士时，与事主李某某相识交往。当时徐虽已结婚，但与丈夫感情不和，面对李某某，徐怀着对幸福生活的憧憬，舍弃 5 岁女儿的抚养权，同丈夫离婚后，与李来到北京寻求发展。来北京后李某某经常酗酒，并肆意对徐打骂。在此期间，由于工作接触，徐结识了比自己大 8 岁的马某，两人工作性质相同，兴趣爱好相投，便开始交往。2009 年初徐正式与李某某提出分手，李不同意并多次扬言如果两人分手就对徐及其家人进行报复。因害怕李某某危及自己与家人的生命，2009 年 6 月 26 日 13 时 30 分左右，徐某持事先准备好的氯化钾注射液及静脉注射所需工具前往死者的暂住地，以为其注射 H1N1 甲型流感疫苗为由进行静脉注射，总计注射八只氯化钾注射液（共计 80 毫升、12 克）。在确认李某某已经死亡后，为销毁证据，徐某将作案用的注射器、氯化钾空药瓶及死者的蓝色诺基亚直板手机和两人合影带离现场，并将房门从外锁好，离开现场。

犯罪嫌疑人徐某对其以静脉注射氯化钾的方式杀害李某某的犯罪事实供认不讳，此案成功告破。

三、该案侦查的成功之处

徐某故意杀人案的成功侦破，有效地震慑了犯罪，及时消除了不良的社会影响。案件侦破后，对此案抽丝剥茧、解读辨析该案侦破过程，得到以下启示。

（一）侦查与技术配合，准确定性是成功侦破此案的基础

从接警时称有一非正常死亡案件现场，到准确判断案件性质，是依靠侦查员扎实的调查走访和技术员细致的现场勘查密切配合，最终将犯罪嫌疑人绳之以法的典型案例。

该案中尸体表面无明显外伤、经法医解剖检验未发现任何异常。由于尸体高度腐败，短期内无法通过血样化验、毒物检验等方法得出死亡结论时，侦查部门最大化地利用技术部门所提出的三处疑点（即房门反锁、死者手机遗失、现场遗留有未排除的足迹）展开侦查，通过现场周边走访得知于6月26日死者女友徐某可能到过案发现场，进而对徐某展开常规询问，发现疑点（即情绪异常、关系人印证活动轨迹与本人反映相矛盾、技术队在现场提取的足迹与徐家中凉鞋鞋底花纹比对相似），最终确认徐某具有重大作案嫌疑。

（二）准确抓住疑点坚定讯问信心与犯罪嫌疑人斗智斗勇，是侦查员所面临的一堂必修课

随着社会的发展，国民教育水平逐步提高，运用高科技手段或自身专业优势犯罪的现象与日俱增。除此之外，近年来大量以侦查破案为题材的电视节目，在给百姓生活带来娱乐消遣的同时，也造成了大量侦查手段的暴露。上述现象必将造成在犯罪嫌疑人精心策划的情况下，不会留下任何直接证据指向其犯罪事实。面对蓄谋已久、考虑周全的犯罪嫌疑人，如何讯问又将是侦查人员面对的一大难题。

该案中从徐某供述可以看出，其在作案过程中充分利用自身

对药物使用方面的专业优势；且在案发后将涉案物品全部拿离现场以逃避警方打击；将死者手机及两人合影等物品带走以延缓警方工作进展并掩盖其与死者的关系。除此之外，徐某还事先准备两张公交一卡通，当警方向其索要时，将未到过现场的公交车卡交给警方，而另一张到过现场的早已被销毁。在作案后徐某并未采取逃跑等行为，依然将手机正常开机，在警方需要其配合时随叫随到，并以坦然的心态面对警方。上述种种细节又从另一个方面反映了犯罪嫌疑人除具有反侦查反审讯能力外，还对其利用专业优势作案的手段极为自信，这就给侦查员带来了极大的难度。

在该案的侦破过程中侦查员捕捉到了犯罪嫌疑人的反常情绪（前期情绪激动，后期对答如流）；并抓住了徐某所暴露的两大疑点（对侦查员称 6 月 26 日前往××批发市场为男友马某购买衬衫而对马某说为同学的公公打针；声称两个月未见死者，而技术队在现场提取的足迹与徐家中一凉鞋鞋底花纹比对同一）并以此为切入点，展开讯问，审时度势、趁势追击，以政策攻心为主，以证据运用为辅，对徐某晓之以理、动之以情，逐渐扩大心理攻势。直至徐某的心理防线被彻底瓦解，交代了自己的全部犯罪事实。

四、该案对目前侦破过量注射人体所需药物案件的启示

初步了解过量注射人体所需药物这一新型杀人手段的作案全过程，是该案最大的收获和启示。该案犯罪嫌疑人采取静脉注射氯化钾的方式将事主杀害，这一特殊作案手段在近年来的实战案例中实属首次出现。现将从犯罪嫌疑人心理活动历程、具体作案手段及被注射者生理反应等方面简要阐述该手段作案过程，进而引出面对类似手段案件侦破方面的启示。

1. 氯化钾临床药用方法

过量注射氯化钾会造成心脏骤停。

2. 还原作案全过程

首先，犯罪嫌疑人徐某从思想上麻痹死者，使其放松警惕。徐某提出分手并决定离开李某某后，李一直想挽回这段感情。徐某以此为突破口，成功打开李某某心理防线：2009 年 6 月 20 日徐给李打电话称，要与之合好；并从体贴李的角度出发称，因害怕李经常出入公共场所而感染甲型 H1N1 流感，计划于 26 日前往其家中为之注射流感疫苗。徐某以关心死者的虚假面孔出现，使其思想麻痹，放松警惕。

其次，做好万全准备，防止意外发生。作为护士的徐某深知，将氯化钾注入体内时，会伴有强烈的疼痛感。为防止李某无法忍受疼痛，徐某事先还准备了止疼片。

最后，徐某将事先准备好的氯化钾溶液分四针打入死者体内。

3. 提示信息

过量注射人体所需药物致人死亡，是一类新型杀人手段，嫌疑人利用自己对药物原理的熟悉及社会公众对此类知识的欠缺实施犯罪，这给公安机关的侦查工作带来了一定的困难。就该案而言，钾是人体所需元素，氯化钾被注入人体后，钾离子会迅速分散并被人体吸收；目前在血常规检验中人体内钾离子的浓度究竟多少可被定为超量，尚无科学定论。

对于从医或具有临床实践经验的专业人员，通晓各类药物的使用方法及过量用药的后果；但对于侦查办案部门来讲，死者遇害后发现时间一旦被拖延，就会产生尸体腐败的现象，法医等部门以解剖、血样化验、毒物检验等方式，无法发现死者异常情况、查明死因，综合上述情况易使办案民警走入非正常死亡案件现场的误区。

故办案部门在遇到死者体表无明显外伤且法医无法鉴定死亡原因的案件时，一定要高度重视，凭借着敏锐的洞察力，立足于现场，辨明真伪，并在案件侦办的过程中穷尽全部线索信息，还原事实真相，准确为案件定性。

第二节　黑恶势力案件侦查

黑恶势力犯罪包括黑社会性质组织犯罪和恶势力团伙犯罪两种类型。从打击黑社会性质组织犯罪的历史沿革来看，黑恶势力犯罪从 20 世纪 90 年代开始就发展起来，公安机关在当时的黑恶势力犯罪打击中重视对黑社会组织性质犯罪的打击。2018 年中共中央、国务院发出《关于开展扫黑除恶专项斗争的通知》，新时期扫黑除恶工作全面开展。各地公安机关纷纷构建扫黑除恶工作团队，应对黑恶势力犯罪侦查工作。2020 年是实现扫黑除恶专项斗争目标的决胜之年、收官之年。黑恶势力犯罪侦查与防治是贯彻党中央部署的政治要求、推进社会治理体系和治理能力现代化的重要载体，也是维护群众切身利益的重要抓手。

一、黑恶势力犯罪的概念

（一）什么是"黑"

"黑"是指黑社会性质组织，具体是指以暴力、威胁或者其他手段，有组织地进行违法犯罪活动，称霸一方，为非作恶，欺压、残害群众，严重破坏经济、社会秩序的组织。我国《刑法》第 294 条规定了涉黑的犯罪罪名，主要包括组织、领导、参加黑社会性质组织罪，入境发展黑社会组织罪，包庇、纵容黑社会性质组织罪。

黑社会性质的组织一般表现为以下四个基本特征：①形成较稳定的犯罪组织，人数较多，有明确的组织者、领导者，骨干成员基本固定；②有组织地通过违法犯罪活动或者其他手段获取经济利益，具有一定的经济实力，以支持该组织的活动；③以暴力、威胁或者其他手段，有组织地多次进行违法犯罪活动，为非作恶，欺压残害群众；④通过实施违法犯罪活动，或者利用国家工作人员的包庇或纵容，称霸一方，在一定区域或者行业内，形成非法控制或重大影响，严重破坏经济、社会生活秩序。

（二）什么是"恶"

"恶"是指"恶势力"，具体是指经常纠集在一起，以暴力、威胁或其他手段，在一定区域或者行业内多次实施违法犯罪活动，为非作恶，扰乱经济、社会生活秩序，造成较为恶劣的社会影响，但尚未形成黑社会性质组织的犯罪团伙。恶势力团伙犯罪主要涉及寻衅滋事、敲诈勒索、非法拘禁、强迫交易、聚众斗殴、组织卖淫、强迫卖淫、开设赌场、故意毁坏财物等犯罪活动。

（三）准确把握黑社会性质组织和恶势力团伙的特点和关联

"恶势力"团伙是黑社会性质组织的雏形，及时严惩"恶势力"团伙犯罪，是遏制黑社会性质组织滋生，防止违法犯罪活动造成更大社会危害的有效途径。从法律规定上，区别黑社会性质组织与恶势力团伙的一个重要标志就是黑社会性质组织的"四个特征"，恶势力团伙往往只具备其中的部分特征。

恶势力团伙和黑社会性质组织具有如下相似性：一是恶势力团伙具有一定的组织，骨干成员基本固定，有的也有一定的组织形式；二是恶势力团伙违法犯罪活动往往在一定区域内进行；三是恶势力团伙经济来源大多是通过违法犯罪活动获取；四是恶势力团伙违法犯罪活动也具有广泛性和暴力性的特点；五是恶势力团伙破坏了社会生活、经济秩序，有的社会危害性也相当严重。

恶势力团伙同黑社会性质组织的根本区别：一是恶势力团伙的组织规模和组织化程度落后于黑社会性质组织，主要表现在人员较少，组织松散，成员具有临时纠合性，犯罪目的具有单一性，内部分工尚不明确，没有一定的组织纪律或者组织纪律不够明确严格；二是恶势力团伙的犯罪活动，方式上是大坏不干、小坏不断，除了有获取非法经济利益的目的外，相当程度上单纯是为了破坏正常的社会经济秩序，寻求精神刺激；三是恶势力团伙的违法犯罪活动虽然也破坏社会管理秩序和市场经济秩序，侵犯公民的人身权和财产权，但并非所有恶势力团伙的违法犯罪活动对社会秩序的破坏都达到了严重的程度。

恶势力是一个具有动态特性的违法犯罪组织，从本质看，它是黑社会性质组织的雏形，有的最终发展成为黑社会性质组织。❶黑社会性质组织一般都是由恶势力犯罪集团、恶势力团伙逐步演化而来，会经历一个渐进的、从量变到质变的过程。❷

二、黑恶势力犯罪的分类

（一）农村黑恶势力犯罪

农村黑恶势力犯罪主要包括操纵选举、欺压百姓、骗取人大

---

❶　参见《办理黑社会性质组织犯罪案件座谈会纪要》"关于办理黑社会性质组织犯罪案件的其他问题"部分第 6 条规定。

❷　戴长林，朱和庆，刘广三，等.《全国部分法院审理黑社会性质组织犯罪案件工作座谈会纪要》的理解与适用［M］. 北京：法律出版社，2017.

代表及政协委员资格、捞取政治资本；暴力把持基层政权、称霸一方的"黑村官""黑乡霸""黑村恶"及干扰、破坏农村"两委"换届选举；破坏农村生态环境，非法采矿、非法出租倒卖土地使用权等；非法拦访截访、聚众冲击党政机关等影响政治稳定的黑恶势力犯罪。

（二）城市黑恶势力犯罪

城市黑恶势力犯罪主要包括高利放贷、非法洗钱等影响经济秩序，涉及"黄赌毒"的有组织犯罪；组织"黑保安"聚众摆势，非法讨债、恶意讨薪、暴力拆迁、强揽工程的犯罪行为在集贸市场、小商品批发市场等实施垄断市场、欺行霸市、强买强卖、强收保护费的行霸、市霸行为；"号贩子"等破坏医疗秩序，非法"一日游"等破坏旅游秩序有组织犯罪团伙犯罪。城市黑恶势力犯罪还包括新型有组织犯罪："伪基站""黑广播"等扰乱无线电管理秩序犯罪；侵犯公民个人信息违法犯罪；以及高利放贷衍生出的"地下出警队""讨债公司"等新型黑恶犯罪。

（三）网络黑恶势力犯罪

网络涉黑涉恶有组织犯罪主要包括非法网络贷款，网络招嫖，网络赌博，网络"软暴力"讨债，以及利用网络负面宣传、恶意扩散等手段对他人敲诈勒索等网络有组织犯罪。

（四）"3＋9＋X"类涉黑涉恶刑事犯罪

黑恶势力犯罪侦查中，触犯的刑事法律主要包括以下几类：
"三类"涉黑犯罪：组织、领导、参加黑社会性质组织罪，入境发展黑社会性质组织罪，包庇、纵容黑社会性质组织罪。

"九类"涉恶犯罪：寻衅滋事、敲诈勒索、非法拘禁、强迫交易、聚众斗殴、组织卖淫、强迫卖淫、开设赌场、故意毁坏财物。

"X 类"指易滋生黑恶势力的刑事犯罪：非法持有枪支、弹药，非国家工作人员受贿，非法转让、倒卖土地使用权，故意伤害，侵犯公民个人信息，破坏生产经营，妨害公务，伪造、变造、买卖国家机关公文、证件、印章，扰乱无线电通信管理秩序，窝藏、包庇，非法组织卖血，非法采矿等。

三、当前扫黑除恶工作现状

全国扫黑除恶专项斗争开展以来，全国公安机关迅速行动，扎实推进，打掉了一批黑恶势力犯罪集团，依法严惩一批黑恶势力犯罪嫌疑人，深挖查处一批黑恶势力"保护伞"，扫黑除恶专项斗争取得了良好的效果。扫黑除恶专项斗争是以习近平同志为核心的党中央作出的重大决策部署，事关社会大局稳定和国家长治久安。

2018 年，扫黑除恶专项斗争第一年，全国公安机关共打掉涉黑组织 1292 个，恶势力犯罪集团 5593 个，破获各类刑事案件79270 起，缴获各类枪支 851 支，查封、扣押、冻结涉案资产621 亿余元，取得了明显的阶段性成效。通过开展扫黑除恶专项斗争，带动社会治安形势进一步好转，全国刑事案件同比下降7.7%，八类严重暴力案件同比下降 13.8%，人民群众安全感、满意度明显增强。❶

2019 年，扫黑除恶专项斗争第二年，是扫黑除恶专项斗争承前启后的关键年。全国公安、检察机关继续深化扫黑除恶专项

---

❶　广东刑警. 公安机关 2018 年扫黑成绩单：查处"保护伞"152 人！［EB/OL］.［2019－01－28］. http：//www. sohu. com/a/291960427_120025317.

斗争，大量案件进入审查起诉阶段。全年共起诉涉黑犯罪 30 547 人，涉恶犯罪 67 689 人，同比上升 194.8% 和 33.2%，比较集中的罪名有组织、领导、参加黑社会性质组织罪，寻衅滋事罪，敲诈勒索罪，上述三种罪名占黑恶犯罪总人数的近六成。❶ 全国公安机关和检察机关始终把"破网打伞"放在头等重要位置，批捕黑恶势力保护伞 790 人，起诉 1385 人。

2020 年是扫黑除恶专项斗争的攻坚之年，是实现扫黑除恶专项斗争三年为期目标的决胜之年，收官之年。但全国打击黑恶势力犯罪工作依然面临着严峻的考验，经过扫黑除恶专项斗争的实践反馈，公安机关在打击黑恶势力犯罪中，依然面临着诸多问题。

四、黑恶势力犯罪侦查对策

为完成扫黑除恶攻坚，公安机关应当大力开展扫黑除恶专项斗争大走访活动，走访宣传全覆盖，线索摸排无遗漏。建立走访档案和台账，确保扫黑除恶大走访活动扎实推进，使得扫黑除恶摸排工作的宣传效果、法治教育效果、解决实际问题效果有机融合。

(一) 应用大数据支撑分析研判

在研判平台框架下，整合社会公共资源和公安情报资源，推动建设打黑除恶情报信息系统建设。坚持开展 110 警情梳理分析。通过对涉黑涉恶警情关键词检索，发现警情高发的重点地区，对多地区同类别的多发警情进行串并打击，对同地区多类别的高发警情开展局部战役，确保将涉黑涉恶犯罪消灭在萌芽状

---

❶ 最高人民检察院公布 2019 年全国检察机关主要办案数据。

态。坚持开展涉恶案件监测。加快推进打黑除恶情报研判机制建设。主动顺应大数据改革发展趋势，依托公安平台，提供强有力情报支撑。固化专业队伍保障机制。推动全局加强配备打黑除恶专业力量，定期开展专业化培训，为打黑除恶工作奠定坚实的人员基础，建立情报线索奖励机制。

（二）注重涉黑涉恶线索基础摸排

依托情报平台优势，强化公安机关内部和外部各成员单位的线索摸排意识，通过信访、举报、投诉等渠道，以及公安局属各单位、属地派出所充分发挥职能作用，摸排搜集涉黑涉恶线索。积极落实有奖举报制度。积极沟通警务保障部门，建立有奖举报制度，对在侦破涉黑涉恶案件中作用明显的集体或个人给予奖励，提高群众参与积极性。大数据时代网络黑恶势力犯罪线索摸排工作的拓展，围绕涉黑涉恶前科人员、餐饮、娱乐及保安业等高危从业人员，以及农村干部、在京商会、同乡会、重点关注的社会团体主要成员开展分级管控，建立动态掌控制度。

（三）办理利用未成年人实施黑恶势力犯罪案件要将依法严惩与认罪认罚从宽有机结合起来

对利用未成年人实施黑恶势力犯罪的，人民检察院要考虑其利用未成年人的情节，向人民法院提出从严处罚的量刑建议。对于虽然认罪，但利用未成年人实施黑恶势力犯罪，犯罪性质恶劣、犯罪手段残忍、严重损害未成年人身心健康，不足以从宽处罚的，在提出量刑建议时要依法从严从重。对被黑恶势力利用实施犯罪的未成年人，自愿如实认罪、真诚悔罪，愿意接受处罚的，应当依法提出从宽处理的量刑建议。加强各职能部门协调联动，有效预防未成年人被黑恶势力利用。建立与共青团、妇联、教育等部门的协作配合工作机制，开展针对未成年人监护人的家庭教育指导、针对教职工的法治教育培训，教育引导未成年人远离违法犯罪。落实以审判为中心的刑事诉讼制度改革要求，强化程序意识和证据意识，依法收集、固定和运用证据，并可以就案件性质、收集证据和适用法律等听取人民检察院意见建议。从严掌握取保候审、监视居住的适用，对利用未成年人实施黑恶势力犯罪的首要分子、骨干成员、纠集者、主犯和直接利用的成员，应当依法提请人民检察院批准逮捕。❶

第三节　侵财案件侦查

在犯罪统计中，侵财犯罪案件一直占据很高的比例。从2000年开始，"两抢一盗"（抢劫、抢夺和盗窃）此类多发性侵财犯罪案件不断上升，已经占到全部刑事犯罪案件的86%，其中比较突出的是街面的抢劫、抢夺和盗窃机动车案件，成为社会治安的热点。在公安部统一部署下，我国开展了打击和防范"两抢一盗"多发性侵财犯罪的专项斗争。随着多年的打击多发性侵财案件专项斗争，到2019年，多发性侵财犯罪率占比已经从原来的33%下降到24%，我国在打击多发性侵财犯罪专项斗争中取得了相当的成果。❷ "两抢一盗"发案数是左右刑事案件总量的主要因素，也是社会治安形势起伏升降的晴雨表。不仅如此，多发性侵财犯罪的数量巨大、涉及范围广泛、社会危害严重，直

---

❶　摘自2020年4月24日《检察日报》，最高人民检察院关于依法严惩利用未成年人实施黑恶势力犯罪的意见［N］. 检察日报，2020－04－24.

❷　数据取材于2020年5月25日在第十三届全国人民代表大会第三次会议上2019年最高人民检察院工作报告。

接侵害广大人民群众的切身利益。所以说，多发性侵财犯罪发案的多少及侦破率的高低遂成为社会各界评价治安状况好坏的重要指标之一，如何加强多发性侵财犯罪案件的侦查、防范控制，过去是、现在更是公安机关及刑侦部门应对刑事犯罪案件高发所面临的严峻挑战。防范和打击侵财犯罪，开展侵财犯罪案件侦查，保护国有、集体财产及公民个人的合法财产，是法律赋予公安机关特别是刑侦部门的职责。

一、侵财犯罪的概念和分类

（一）侵财犯罪的概念

侵财犯罪即侵犯财产罪，是指犯罪行为人运用各种手段非法占有或者故意毁坏公私财物，对社会治安秩序构成严重影响的犯罪行为。侵财犯罪近几年多被冠以"多发性侵财犯罪"的概念，多发性侵财犯罪案件是指公安机关侦查部门管辖侦查的、较为多发、易发的几种具体侵财犯罪案件的统称。

（二）多发性侵财犯罪

我国《刑法》对侵财犯罪共有 14 个法律条款的规定，涉及 12 个罪名。侵财犯罪主观上都是故意，从犯罪目的的角度可以分为以非法占有为目的的侵财犯罪、以挪用或移作他用为目的的侵财犯罪及以毁坏财物为目的的侵财犯罪三类。《刑法》规定的 12 个侵财犯罪罪名中只有那些以非法占有为目的、犯罪对象仅仅是有形物品（即不包括电力等无形物品）的犯罪行为（即抢劫、抢夺、盗窃、诈骗）才界定为多发性侵财犯罪。这类犯罪案件发案多、数量大、涉及面广而为公安机关刑侦部门所特别关注。因此，多发性侵财犯罪案件就成为近几年全国公安机关打击犯罪维护社会治安稳定中经常使用的一个概念。多发性侵财犯罪案件，是指公安机关侦查部门管辖侦查的较为多发、易发的几种具体侵财犯罪案件的统称。由于多发性侵财犯罪中抢劫、抢夺、盗窃居多，所以把它简称为"两抢一盗"（即抢劫、抢夺、盗窃）多发性侵财犯罪案件。随着社会发展变化和犯罪案件变化，诈骗案件频频高发，所以有的地方公安机关，将多发性侵财案件定义为"两抢一盗一诈骗"，此处的诈骗并不是指电信诈骗。表4.3.1 为多发性侵财犯罪与侵财犯罪罪名对比。

表 4.3.1　多发性侵财犯罪与侵财犯罪罪名对比

侵财犯罪类型	侵财罪名	多发性侵财犯罪具体行为
以非法占有为目的的侵财犯罪	1 抢劫罪（多发性）	入室抢劫
		拦路抢劫
	2 盗窃罪（多发性）	入室盗窃
		扒窃
		涉车盗窃
	3 诈骗罪（多发性）	街面诈骗
	4 抢夺罪（多发性）	飞车抢夺

二、盗窃案件侦查

（一）盗窃案件综述

盗窃案件是指以非法占有为目的，窃取公私财物数额较大的或者多次盗窃、入户盗窃，携带凶器盗窃、扒窃的犯罪案件。盗窃犯罪行为全过程具有隐蔽性，作案人与事主不发生正面接触；作案人在实施盗窃行为之前，一般都要进行踩点和其他预谋活动；犯罪现场一般遗留有犯罪痕迹及其他物证；系列盗窃案件的作案手法一般具有习惯性；有赃物可查。盗窃罪主要包括五种情况：盗窃公私财物，数额较大；多次盗窃；入户盗窃；携带凶器盗窃；扒窃。在公安机关侦查实践中，最常见的盗窃犯罪主要包括入室盗窃案件、扒窃案件及盗窃车内财物案件三种主要类型。

（二）入室盗窃案件侦查

入室盗窃案件在多发性侵财犯罪案件总量中一直占有相当大的比例。

1. 入室盗窃案的主要特点

（1）作案时空具有规律性。盗窃分子一般都选择在住户无人或单位值班人员防备松散时作案。对于常住居民户，入室盗窃一般在早晨 8 ~ 11 时，下午 3 ~ 5 时实施。在此期间，大部分户主上班、上学或出门购物等，盗窃分子正好利用这个时段作案。对机关、企事业单位的办公室、财会室、贵重物品存放地等场所，盗窃分子一般选择在午休、夜间无人值班或者值班不严时入室行窃。此外，发案时间在凌晨 0 ~ 3 时也是比较突出的。这个时间人们熟睡，行人也最少，单位值班人员思想松懈，有利于作案。

（2）作案手段具有多样性。入室盗窃案中犯罪分子除采用以往使用撬棍、螺丝刀等物撬压或破窗、踹门入室（踹门是盗窃分子白天作案的惯用手段，多发生在商品房和一些尚未住满住户的楼户）等笨拙的作案方法外，作案手段更趋多样化。对于城区居民楼，犯罪分子通常采取由地面借物、攀爬破窗入室、由楼顶下滑开窗入室、将阳台护栏钢筋拉弯钻窗入室、插片捅门、溜门入室；或选择楼道没有安装电子监控装置及家中装有空调的楼房中层住户，利用技术开锁等手段实施盗窃。

（3）盗窃目标具有针对性。盗窃目标主要是现金和价值昂贵、携带方便、易于脱手的物品。在居民住宅的盗窃中，盗窃分子主要以盗窃现金、存折、金银首饰为主，同时价值昂贵的小件物品如名牌手表、高级照相机、名贵书画、笔记本电脑、珍贵古钱币或是携带方便、易于脱手的手机、DVD 机等也都是作案人青睐的物品。在单位办公室、财会室及仓库等场所则以现金、票证、金银首饰及其他价值较高或易于销售的商品为作案目标。

（4）作案组织日趋团伙化。在入室盗窃的犯罪组织中，突出的情况就是在流动人口中，以一定的地缘关系（亲戚、同学、同乡等）为纽带，纠合形成地域性犯罪团伙，其作案手段（包括犯罪预备、作案时间、作案工具、作案过程、侵害目标等）都带有一定的地域性特点。

（5）作案人员日趋低龄化。从目前发生的盗窃案件看，青少年犯罪呈上升趋势。部分违法犯罪青少年已由过去单独盗窃个别物品、少量现金等小偷小摸行为发展为纠结成团伙，胆大妄为地入室窃取高档物品或大量现金。

2. 入室盗窃案件侦查控制要点

（1）注重从现场勘查中发现痕迹物证。由于入室盗窃案件本身具有易留有痕迹物证的显著特点，侦查指挥员在部署工作过程中应特别注意加强对现场痕迹物证的发现、提取和送检工作。在不断提高痕迹物证的发现、提取和利用率的同时，结合现场情况对作案人在现场活动的顺序等问题进行分析和现场重建。要加强现场勘查中微量痕迹物证的发现、提取和利用工作，对作案人留在现场的唾液、烟头等生物物证、检材要予以足够的重视，这也是锁定犯罪嫌疑人的重要证据。为此就需要在勘查中认真细致，分析研究从现场中获取的痕迹物证，对犯罪人的各种行为举止全面把握，实现对案件和作案人深入细致刻画的目的，掌握其犯罪特点与心理轨迹，为迅速锁定作案人和证实犯罪打下坚实的基础。

（2）注重对入室盗窃案件的梳理分析。入室盗窃案件数量大，作案手段多样，但可以应用大数据等多种方法对案件进行梳理分析，总结规律。例如，云南省昆明市公安局刑侦大队就针对入室盗窃案件高发的态势，从已发案件中抽取 1000 起入室盗案进行缜密的追踪分析，寻找其规律特点。从分析结果来看，确有规律可循，如永昌小区李利某入室盗窃案中，在长达 8 个月时间内，犯罪嫌疑人在小区中连续作案 25 起，作案手法大多为攀爬下水管、从阳台进入室内。刑警实地考察了小区住房房屋结构，发现入室盗窃案频发是有深层次原因的，此类案件一般多发于昆明早期建设的小区，房屋结构为两室一厅或两室两厅，面积大多是 58 ~ 65 平方米，房屋结构极其相似，犯罪嫌疑人从窗外攀爬下水管进入室内洗劫财物时，其头脑中对房屋结构也会有总的认识和了解，而周边的房屋结构大同小异，从很多案件的发案规律来看，犯罪嫌疑人喜欢在熟悉的环境做同类案件，这也是一种犯罪心理特点的表现。当进行更细致的分类研究就发现，这些老式小区，居民自防能力较差，安全意识不强，给犯罪分子留下可乘之机，一旦发生了一起入室盗窃案，在方圆 800 米以内，在未来两个月内，犯罪嫌疑人再次作案的概率极高，这就为警方明确防范重点，增加警力，加强巡逻、最终得以迅速破案提供了依据。

（3）注重情报信息主导进行并案侦查。结合入室盗窃案件发案多、分布广的特点，侦查人员必须提高情报信息主导下的并案侦查意识，形成"以本案为基点，以相关情报信息为导向，发散寻求串并相似案件，综合利用相关线索，明确锁定嫌疑对象，侦破系列盗窃案件"的工作理念。在侦查工作中积极构筑与相关部门和人员的信息传递通道，利用相似案件情况的"关键词"为条件，将有效范围内的案件信息进行综合梳理分析，最终明确案件的发案规律与特点、作案人的作案手段与习惯等条件，积极开展串并案件侦查，使得侦查力量形成合力，最终将系列、团伙入室盗窃案件侦破。

（4）注重从单纯打击向预防为主、打防结合转变。单纯强调"打击"并不是多发性侵财犯罪的正确处理办法，企图短时间消灭犯罪也不现实，所以预防为主、打防结合有效地防控和降低发案率才是较为实际的举措。警方可利用电视、报纸等媒体，或者印制防范手册等，向广大群众讲解入室盗窃犯罪的作案时段、作案重点部位、作案目标选择趋向、作案时机等，传授基本的防范知识，以及防止盗窃犯罪中暴力加害升级的策略方法。要不断加强居民楼、居民小区、乡村等的门岗、巡防保卫力量，采取警务责任制，强化措施，落实责任，推行住户联防、单位互防工作。推广物防、技防，建议住户安装防盗铁门，安全角铁和三保险防盗锁，以及安装具备防撬、防踹、防攀爬等功能的防盗窗。有条件的居民小区、单位大院及家属区可安装监控设备、智能报警系统，进一步提高防范效果。在公安局派出所等专职机构组织协调下，紧紧依靠辖区社会各界群防群治力量，组织社区保安队和小区巡逻队，负责日夜巡逻（包括设岗、堵卡），对形迹可疑人员进行盘查；发现和制止入室盗窃现行活动。在宣传、组织群众中动员各种社会力量构建严密的防控网络，才能堵塞各种漏洞和空隙，确保各个社区、单位不被盗窃分子所侵害。

（三）扒窃案件侦查

1. 扒窃犯罪案件的特点

（1）在作案时空等要素上具有选择性。扒窃犯罪在作案时间上具有选择性，在假期、小长假、夏秋两季及上下班高峰期明显增多；在作案空间上具有选择性，扒手在空间上进行选择，主要基于人员流量大、相互拥挤这一基本前提；在行为方式上的选择性，扒手在行窃时会根据不同的季节、不同的对象、不同的行窃目标采取不同的作案方式，如采取直接用手或者镊子等工具夹取，用刀片割包的方式行窃。

（2）根据作案对象采取不同的作案手段。掏包、割包、拉拉锁、直接下手、用镊子夹等作案手法都是常见的扒窃作案手段。由于扒窃作案现场难以保护，案发后的现场勘查价值不大，这些特点给反扒工作增加了难度。

（3）作案团伙化十分突出。扒窃犯罪多为团伙作案，并且向集团化、专业化、职业化发展。扒窃团伙的形成一方面由于生活习惯、地区文化、乡情因素、思维模式、犯罪技能、身体条件等多方面的共性，犯罪团伙的团伙成员往往来自同一地区；另一方面由于人员流动、团伙重组，犯罪经验在各团伙中交流、融会，导致了以同一地区成员构成的犯罪团伙往往采取相同的作案方式，并且以隐语黑话相互交流，具有一定反侦查能力。

2. 扒窃犯罪案件的侦查控制要点

（1）加大宣传，群防群治。针对中心城区繁华地段、复杂场所及公交车、铁路等交通沿线的扒窃犯罪高发的态势，有关地区和铁路等行业公安机关应当通过多种形式加强反扒工作的宣传，使群众树立防扒意识。在发案增多的时空内，适时公布扒窃犯罪信息，揭露扒窃犯罪伎俩，宣传防扒方法，使广大群众了解扒窃犯罪的特点，提高自防能力，最大限度地降低扒窃案件发案率并减少损失。本着"民智无限"的原则，动员、组织广大群众积极同扒窃犯罪做斗争，要在扒窃多发易发场所活动、工作的商贩、保安及公交车、火车等交通沿线工作司售人员、列车员当中物色和培养刑侦信息员，使之发现并协助民警打击扒窃犯罪，形成群防群治的良好氛围。同时，要通过各种渠道加大宣传，积极防范，一旦有人被扒窃，被扒窃者要主动向警方报案，以确保侦查中获取并查证相关的证据材料，为打击处理扒窃犯罪嫌疑人提供相应的被害人陈述等证据材料。

（2）掌握团伙内幕，严惩首犯、主犯和教唆犯。扒窃犯罪多以团伙形式出现，而团伙最下层实施犯罪的多是未成年人、聋哑人等群体，所以对扒窃团伙的打击侦查中，对已经发现的未成年犯罪嫌疑人的处置不能采取教育或罚款后放行，而忽视了对扒窃团伙的组织者、教犯者的打击处理，这样做过于简单化、形式化。因为，未成年犯罪嫌疑人被释放后，扒窃团伙的主犯又会迫使他们重返扒窃集团，形成恶性循环。只有将侦查破案、摧毁团伙、抓捕教唆犯和教育、解救未成年犯罪嫌疑人等诸方面工作有机结合起来，才能从根本上解决问题。此外，必要时应组织人员对涉嫌扒窃犯罪的少数民族、未成年人及残疾人等不同人员活动的情况进行专题调研。在调研的基础上，摸清其人数、来源、生存状况、基本活动等情况，制定出规范统一、切实可行的处置方法。

（3）加强外来人口的管理查控工作，从中发现嫌疑线索。公安机关刑侦部门要在治安、派出所等部门或基层单位的协同下加强城郊接合部出租房、中低档旅社等外来人口聚居区域、场所的管理查控工作。通过到辖区走访、外来人口登记、查验身份证件、清查出租房和旅社等手段，掌握涉嫌扒窃犯罪外来人口的基本情况，从中发现嫌疑线索。特别要对一些无正当生活来源、活动诡秘并有许多未成年人混杂其中的少数民族、残疾人等特殊群体进行重点调查，力争发现扒窃集团，进而对集团的中下层成员进行分化瓦解，促使其揭发集团首要分子的犯罪行为，在获取犯罪证据后，将扒窃集团的首要分子绳之以法。

（4）采取公开措施与秘密手段相结合的防控、打击对策。

要根据扒窃犯罪的发展动向和趋势，组建精干的便衣侦查打扒队，在案件多发的重点区域实施秘密侦查，把"敌在暗处""我在明处"改变为"以暗对暗"的"潜水作业"。当发现未成年犯罪嫌疑人扒窃作案时，不要急于抓现行、完成抓捕，而要秘密进行长线跟踪，通过秘密跟踪发现扒窃集团的居住地点、组织网络、销赃渠道等重要犯罪线索，确定扒窃集团的首要分子，最终将其深挖并彻底铲除。此外，少数民族扒手的容貌、衣着等特征异于汉族人，结伙性的聋哑人也和常人有差异，因此，在街面巡逻的民警或治安警要注意发现，公安机关应适时增加公开巡查的警力，使扒手不敢轻易进入警察防控的范围，减少街头扒窃案件的发生。当某种扒窃犯罪主体（如残疾人）活动猖时，则适时地组织专项行动，有针对性地打击犯罪。

（5）物色建立秘密力量，搜集犯罪信息。公安机关的刑侦部门在对涉嫌犯罪的少数民族外来人口的管理过程中，应当从少数民族外来常住人口中注意物色有一定威信和活动能力，愿意为公安机关工作的少数民族人员，通过与其接触、考察、试用，将其建立为公安机关刑侦部门的秘密力量。刑侦部门对已经建立的少数民族秘密力量，要教授其工作方法，利用少数民族语言、民族习惯相通的有利条件，在少数民族外来人口中积极开展工作，搜集包括扒窃犯罪在内的各种违法犯罪信息。

（6）与扒窃犯罪嫌疑人流出地公安机关相互配合，搞好侦查协作。扒窃犯罪多发地区的公安机关要主动与少数民族扒手原籍地公安机关加强配合，争取支持与协作，共同打击扒窃犯罪。根据案件情况，可以邀请扒手原籍地少数民族公安干警共同办案，从而解决讯问中的语言问题，便于沟通，增强震慑力。此外，在送返扒窃集团的少数民族未成年人回到其原籍地后，也要寻求当地公安机关的大力支持，以便将少数民族未成年人送返回家，并做好进一步的教育稳定工作。

（7）加强审讯和调查取证工作。对已经抓捕扒窃犯罪嫌疑人要组织力量进行审讯，针对犯罪团伙性强的特点，要通过审讯和调查取证全面掌握团伙内部的各方面情况，抓捕在逃的团伙成员，在搜查中追缴赃物，核实案情以便顺利结案。

此外，由于扒窃案件中犯罪分子的赃物里有相当数量的手机，要通过对二手手机市场等销赃场所的控制，掌握这些赃物的销售环节和具体流向，以便尽可能地悉数收缴。

（四）涉车盗抢案件侦查

1. 盗抢汽车内财物案件特点

（1）盗抢汽车内财物案件的表现形式。此类案件按照作案过程是否在相对静止状态下，可以分为三种情况：

① 运动型，即当被害人的车辆在运动状态下，作案人偷盗或掠夺车内财物。具体可以是用一人以各种借口拦住车头、拍车门、拍后备厢及撞车尾等不同的形式，造成司机不得不停车，然后，其同伙伺机将副驾驶座或后座上的财物偷盗或掠走。

② 相对静止型，即当被害人的车辆处于停放状态时，作案人用砸车窗、撬车窗及撬捅后备厢等手法将车内财物偷窃据为己有。

③ 静动结合型，具体手法为扎车胎。即犯罪嫌疑人发现停放车辆有财物时，预先将扎车胎的铁钉等东西放到事主车的轮胎下，驾车尾随事主，行使一段路程后，待事主发现轮胎被扎下车查看或更换轮胎时，犯罪嫌疑人乘机拉开车门，盗窃、掠走车内的财物。

（2）作案时空及侵害目标的特点。在相对静止型的犯罪活动中，作案人一般选择街道、广场等地无人看守的汽车作案。而运动型或静动结合型地实施这种犯罪，则多选择较为狭窄的街巷胡同、路口拐弯处等地，并且选择以单身女性司机及其所驾驶的汽车为目标，非法获取的财物也多是失主随车携带的手包、手机、现金等小型的贵重物品。作案一般都是团伙形式进行，团伙成员以年轻男性为主。

2. 盗抢汽车内财物案件侦控要点

以上涉车侵财犯罪的手段看，此类犯罪得手容易，实施犯罪时间短，不易被抓获，风险小且获利大。案件发生时，事主的精力往往被犯罪嫌疑人设定的圈套所吸引，等发现自己的财物不见时才恍然大悟。针对这类案件公安机关在接到报案后要迅速对事主和案发现场周边的群众、保安、停车收费员、交通协管员等进行访问，获取被害人陈述和证人证言。对案发现场及车辆本身进行勘查，形成勘验检查笔录对痕迹物证进行固定。收集犯罪嫌疑人作案用的物品，如用来钩住汽车门提扣、打开车门的自行车辐条，用来撬、砸车窗用的砖头、改锥、救生锤等，用来扎轮胎用的尖状小空心铁管和立体三角尖状小空心铁管等。要注意车辆停放的地方有无各种电子监控和摄像录像监控设备，如有，要从有关单位提取相应的证据材料以便获取线索开展侦查。在案发较多的地区安排精干警力以巡逻、路守、便衣出探等形式加强控制，发现犯罪嫌疑人要秘密跟踪，掌握盗车团伙的作案手法、人员构成和赃物销售情况，获取证据并及时抓捕。

三、抢夺案件侦查

抢夺罪是介于抢劫罪与盗窃罪之间的一种犯罪，以不侵犯被害人人身权利的方式公然夺取财物。相对于抢劫罪以暴力、胁迫或其他令被害人不能抗拒的方式强行夺取财物，抢夺罪表现出相对较轻的社会危害性；然而，相对于以秘密窃取为主要行为方式的盗窃罪，抢夺罪又表现出相对较高的社会危害性。抢夺案件中，最常见高发的就是飞车抢夺，或者叫作"骑抢"。近年来，犯罪嫌疑人驾驶摩托车进行抢夺（以下简称"骑抢"）的案件，已经成为非常突出的侵财类犯罪。

（一）"骑抢"案件的概念

狭义上的"骑抢"就是指犯罪嫌疑人驾驶摩托车进行抢夺，也就是我们俗称的"飞车抢夺"。犯罪嫌疑人一般两人同骑一辆摩托车结伙作案，侵害标的以金耳环、金项链、手提袋、手机、现金等为主要目标，针对街上行走的女性或老人。犯罪分子频繁作案，作案时突然从身后贴近作案，突发性极大，作案后迅速驾车高速逃离。"骑抢"区别于一般抢夺案件的明显标志是犯罪嫌疑人将摩托车作为抢夺的主要作案工具。

（二）"骑抢"案件的特点

（1）"骑抢"案件有预谋性、突发性，犯罪嫌疑人多为结伙作案。

（2）"骑抢"案件的犯罪主体具有特定性。

（3）"骑抢"案件的地域分布较广，犯罪嫌疑人机动性强。

（4）"骑抢"案件的作案时间短、频率高、密度大，案件往往带有系列性。

（5）"骑抢"案件中现场遗留的痕迹、物证少。

（6）"骑抢"案件中被侵害对象具有针对性。

（7）"骑抢"案件中，作案工具——摩托车带有普遍性。

（8）"骑抢"案件中被侵害物品具有多样性。

（三）针对"骑抢"案件的侦查对策

1. 预防和打击有机统一，形成有效的工作体系

对于"骑抢"案件，应当从预防和打击两方面开展工作，二者相辅相成，缺一不可。预防措施可以有效减少犯罪的发生。但再好的防范，也不能保证零发案，而且客观上也存在多种局限性，所以一旦发案，要用强有力的打击措施弥补预防措施的局限，抓获犯罪嫌疑人、起获涉案物品，能最大限度地为遭受侵害的人民群众挽回损失。因此，必须将预防和打击两方面有机统一起来，这样才能发挥良好的功效。

2. 预防措施

（1）增加街面警力，形成有效震慑。

（2）加强阵地控制、行业管理。

（3）提高人口管理水平。

（4）加大对加油站的有效管理。

（5）科技强警，强化情报意识。

（6）加强警种协作，提高合成作战能力。

（7）加大宣传，增强人民群众自身安全防范意识。

3. 打击措施

多警种联合作战，指挥通畅，快速反应，力争抓获现行。要有效地打击作案快、逃离快的"骑抢"犯罪，必须采取以快制快的战略战术，打破常规，快字当先。公安机关要进一步深化街面巡逻机制，强化指挥中心接处警机制，强化协调、联动机制，加强和提高多警种、跨辖区合成作战的快速反应能力。一旦发生"骑抢"案件，要通过 110 指挥中心及时掌握报警信息，准确判定发案部位，迅速调配警力，以最快的速度发出处置指令，并根据现场民警的处警情况，组织实施围追堵截工作，调动案发地区

及周边街面的警力。充分发挥就近、就快优势，力求在最短的时间内形成前堵后追的抓捕包围圈，提高现行打击效率。

在实践中，由于犯罪嫌疑人作案时间短，逃离速度快，不能仅仅依靠抓获现行去打击"骑抢"犯罪，很多案件都要依靠公安机关侦查部门后期侦破去实现对犯罪嫌疑人的抓捕并使之受到法律的制裁，因此，对"骑抢"案件的打击应包括以下措施。

（1）勘查、访问。刑事科学技术人员要对犯罪现场进行仔细勘验、检查，力求获得犯罪嫌疑人作案遗留的痕迹、物证。侦查人员及时询问受害人并走访目击证人，弄清犯罪嫌疑人的人数，犯罪嫌疑人外貌、依着特征，作案时使用车辆的特征，了解受害人与犯罪嫌疑人来去的行驶路线，核实被侵害的物品。这些工作能为案件获取第一手的资料，能为案件侦破奠定良好的基础。

值得强调的是，随着案件侦破的深入，可能会逐渐发现犯罪嫌疑人预谋、隐匿、逃跑、销赃的地点，这些地点往往是犯罪嫌疑人防范疏忽、反侦查意识薄弱的环节。在对犯罪现场勘验、检查和访问时，不能只重视中心现场，同时更要注意对外围现场进行勘查、访问。例如，犯罪嫌疑人在中心现场抢走女士背包，当逃窜至其认为安全的地点，必定对背包进行翻看，取走财物后，即对背包进行遗弃。如果有意识发掘外围现场的痕迹、物证，那么就很有可能从遗弃物上提取到有价值的指纹，从而为侦查提供线索，为定罪提供证据。

（2）视频侦查。根据犯罪现场实地情况，调取中心现场及周围的监控录像，可以根据受害人的描述或辨认、受害人或犯罪嫌疑人的伴随人员和车辆锁定犯罪嫌疑人。一旦捕捉到犯罪嫌疑人的影像，就要从人员、车辆、物品三个方面固定其特征。有了稳固的特征点，就能在路况复杂的情形下准确分辨犯罪嫌疑人及其使用的车辆，为视频追踪的可延续创造条件，从而利用监控视频，沿途追踪犯罪嫌疑人从何处前往现场和从现场逃至何处，最大限度延伸犯罪嫌疑人行驶轨迹的起点和终点。

在调取监控视频时，要充分利用社会资源，不仅对交通管理探头、社区巡防探头进行查看，还要注意对企业、单位、个体经营的商铺的监控探头进行查看。有时候在中心现场有直接拍摄到犯罪过程的监控探头；有时候在中心现场没有，但是在犯罪嫌疑人前往和逃离的路径上有能捕捉到犯罪嫌疑人影像的监控探头。由于各个探头所属的单位和主机不同，因此一定要针对每个探头准确校准北京时间，并及时拷贝存档。成功的视频侦查既能为侦破提供线索，也能为技术侦查做好准备，更能为案件后期对犯罪嫌疑人审讯和定罪提供宝贵证据。

（3）串并案件。由于"骑抢"案件的系列性非常突出，因此串并案件在其侦查中显得尤为重要。在串并"骑抢"案件时，首先最好利用视频影像能反映出来的体貌特征、作案工具进行串并，其次要善于从痕迹物证、时间地点、目标对象、方法手段、习惯技能、情报资料等各个方面发掘串并案件的依据，通过科学的方法对案件进行串并。

成功的案件串并，能够弥补单一案件在侦查措施上的局限，克服单一案件线索的不足，有助于利用侦查条件较好的案件带动破获侦查条件较弱的案件，避免部分案件成为死案；而且串并案件的成果能够作为审讯时判断犯罪嫌疑人是否如实交代罪行的依据。

（4）深入侦查。充分运用技术侦查手段，对"骑抢"案件开展工作。一方面，如果被抢物品包含手机，技术侦查部门要及时对被抢手机开展工作，争取确定被抢手机位置、案发后手机使用人员的信息；另一方面，根据刑侦部门视频侦查提供的情况，对犯罪嫌疑人案发前后行驶轨迹及中心现场采集手机数据，进行模糊碰撞，争取发现嫌疑手机号码，配合后期侦查和抓捕工作的进行。

侦查员可以根据案件的实际情况，选择合理的时间、地点，开展有针对性的监视守候、跟踪挂靠、秘拍秘录、伏击抓捕等工作。由于"骑抢"案件的犯罪嫌疑人往往带有团伙性，这就为公安机关布建特情耳目提供了可行的条件，可采取拉出来、打进去等办法布建特情，也可发展其周边的人员建立治安耳目，及时掌握侦查破案的线索。对于城乡接合部的流动人口聚集区、城市房屋地下室等人员居住复杂场所，还可以开展摸排走访，重点核查前科劣迹人员，发现可疑人员和车辆，积极发掘破案线索。实践中，由于路况复杂，来往的车辆行人较多，有时候在监控视频的某一时间段里，会出现数个与犯罪嫌疑人体貌和车辆特征接近的人员，这需要侦查员认真甄别，必要时，可以依法进行侦查实验，结合实际情况予以科学分析辨别。现在网上有很多买卖摩托车的途径，犯罪嫌疑人与同伙之间有可能会通过网络聊天工具进行联系，而且很多犯罪嫌疑人在不作案的时候，常常沉溺于网吧，因此网安部门有必要加强对网上可疑信息的拦截与评判，对犯罪嫌疑人使用的聊天工具进行监测与 IP 定位，配合刑侦部门对犯罪嫌疑人的抓捕。另外，监所管理部门还可以加强对在押人员的法律与政策教育，深挖余罪，特别针对因"骑抢"犯罪被羁押或者有"骑抢"前科的在押人员开展工作，发掘"骑抢"案件有价值的线索。当其他侦查措施进展不顺时，还可以考虑向公安机关内部发出协查通报，调动各单位、各部门的优势发现破案线索，必要时，还可以经组织批准，通过媒体向人民群众征集线索，充分发挥人民群众的力量。

（5）追赃、取证。"骑抢"案件发生后，犯罪嫌疑人往往会迅速将手机、金银首饰等物品贩卖，换取现金，因此要加强对典当行业、手机市场等地的控制，及时追缴赃物，对明知是赃物还收买的，依法追究相关人员的法律责任。"骑抢"案件取证确实有一定难度，因其现场遗留的痕迹、物证少，受害人难以通过辨认等措施认定犯罪嫌疑人，在侦查工作中要注意及时取证。取证时要注意以下三个方面：现场是发生犯罪的明证，对犯罪中心现场及其他现场要仔细勘查，力争提取到价值高的物证；及时开展走访工作，受害人陈述和证人证言也是有力证据；要做好监控视频资料等视听证据的保存和使用。

四、诈骗案件侦查

（一）诈骗案件的主要作案手法

多发性侵财犯罪中的诈骗犯罪，主要以街头诈骗为主，其手段虽不断推陈出新，但总是带有一些共性特点。常见街头诈骗的主要手法可以归纳为以下九种：

（1）利用看病、算命、看相等手法诈骗法。这类诈骗案件的事主大多是中老年女性。

（2）丢包分钱诈骗法。根据以往此类案件的发生规律来看，事主都是单身独行的女性，多为年轻女子，发案地点都是在社区周边人员活动较少的地带，时间大多集中在上午。

（3）兑换外币诈骗法。利用秘鲁币等不常见的货币实施的诈骗是各类街头诈骗中涉案金额最高的一类，被害人往往是数十万的存款、现金被骗。该类犯罪的主要手段是用秘鲁币冒充香港代金券、欧元等进行诈骗，3～4人结伙作案，作案地点多选在小区周边、银行附近，被害人以家境富裕的中老年女性为主。

（4）买卖文物玉器诈骗法。利用假金元宝诈骗的目标人群主要是中老年女性及来自外地的年轻女性，目标人群的活动范围决定了这类案件的发案地点多集中在居民小区、集贸市场周边。

（5）白纸变钱诈骗法。此类案件的情形为用药水把白纸变成钱，推销这种药水实施诈骗。

（6）设局赌博诈骗法。翻牌、设象棋残局、套猜红蓝铅笔、套杯子等，都是利用赌博心理进行诈骗的手法。这种骗术中，往往有五六人搭档进行诈骗。

（7）推销药材诈骗法。以购买治疗癌症特效药等为诱饵，连环设套，演双簧，用假药材诈骗被害人的钱财。

（8）招聘报名诈骗法。张贴广告，如"某酒店招聘服务员若干名，月薪三千"，当应聘者跟对方联系时，约定地点，结果对方并没有前往，并通过手机告知已经在某处面试者不注意的时候面试通过了，让面试人在指定的银行账号上打入数百甚至几千元的报名费，骗取钱财。

（9）冒充新闻媒体诈骗法。作案人冒充电视台报社等人员诈骗事主时物，多是利用年轻人（特别是女性）想成名的心理。

（二）诈骗案件的特点

（1）诈骗犯罪地域性特点。街头诈骗犯罪分子大多是外来人员，相同地区的外来人员实施诈骗往往具有作案手段的共同特征，而与其他地区相区别。

（2）诈骗分子体貌特征暴露明显。街头诈骗案件中，由于被害人和犯罪分子有过近距离、长时间接触，而且犯罪分子往往没有任何伪装，所以通过详细的现场访问和调查，侦查员能够较客观地、真实地掌握犯罪分子的体貌特征。这样可以据此采取模拟画像、辨认等措施实施侦查，锁定犯罪嫌疑人开展同类案件的串并工作。同时也根据这一特点，在案发后及时地向群众宣传，防止上当受骗。

（3）犯罪过程中痕迹物证遗留较多。街头诈骗案件中，犯罪分子接触过的物品较多，遗留的指纹、掌纹、足迹等痕迹物证较多。

（4）犯罪过程中遗留的真实信息较多。街头诈骗案件中，犯罪分子为在短时间内骗得被害人的信任，会在一定程度上向被害人传递其本人的真实信息，如从口音中判断出作案人的原籍等。

（5）被骗财物的小型化特点。街头诈骗的作案人实施犯罪所要获得赃物基本以小型化物品为主，即被害人随身携带的现金、手机、首饰、信用卡、证券等。

（6）流窜作案团伙化特点。一方面，街头诈骗的作案人多是外地流动人员，且结成团伙实施犯罪，这本身就决定了作案的流窜性。另一方面，为逃避打击，作案人一般在一个地方实施诈骗后会迅速转移，甲地作案、乙地藏身，丙地藏赃，流窜于不同城市或城区之间。

（三）诈骗案件侦控要点

（1）强化宣传教育，做好犯罪预防。控制此类犯罪，仅靠公安机关是远远不够的，更需市民增强自身防范意识，擦亮眼睛，识破街头骗招。因此，控制街头诈骗犯罪，应当依靠通过宣传教育等措施动员全社会力量来开展共同防范工作，其中主要是对可能成为被害人的主体进行宣传教育。被害人的自我防范是预防诈骗犯罪的第一道防线。

（2）强化社会治安的基础工作。打击街头诈骗犯罪，公安机关应当强化社会治安管理与控制的基础工作，加强易于发生案件的阵地控制，做好犯罪的规律性分析，提高打击防控效益。犯罪的规律性分析重在充分利用过去及现在的有关信息，定期总结犯罪特点，寻找规律，精确打击。除了前述所提出的一些犯罪规律外，还应不断提高总结，结合新形势、新特点，提高实际工作效率。

（3）加强情报工作，分析规律，抢占先机。发挥情报信息工作的先导作用，通过及时定期对街头诈骗案件的发案信息所揭示的规律特点的研究，针对每年、每月甚至是每天的多发时段空间，加强防范，在第一时间预防犯罪的发生。公安机关应在侦查中占据主动位置，做到街头诈骗犯罪始终在公安机关整体防控之中，以研究掌握的街头诈骗犯罪规律为导向，通过主动出击的方式，提高打击控制犯罪的能力。

（4）运用便衣侦查，加强街头诈骗犯罪的控制和打击力度。公安机关要组织精干警力，以便衣侦查方式在街头诈骗频发的地区，发现控制这类犯罪活动的动向和轨迹，获取证据，抓捕嫌疑人，有效遏制诈骗犯罪的高发态势，营造安全祥和的社会治安环境。

（5）要增强证据意识，确保获取证据的精度和质量，办案人员首先必须明确获取诈骗犯罪证据的范围和内容，也就是应当收集哪些证据才能查明和认定案件事实。在办案实践中通常把犯罪构成要件的有关事实概括为"七何"要素，即：何事、何时、何地、何物、何情、何因、何人。为此，办案人员要明确上述取证的范围和内容，有计划、有目的地精确取证，防止盲目性和片面性，对确保获取证据的质量具有重要作用。

案例8　"5·12"系列盗窃车内财物案

当前我国正处于经济转轨、社会转型的关键时期，犯罪呈现出总量多、流动性强、涉及面广、打击控制难度大等新变化，系列性、流窜性、团伙性、多发性侵财犯罪成为当前全国公安机关打击的重点与难点。北京市公安局从"信息战"应用技战法总结提炼案例经验、启示分析，对涉案8起、价值7万余元的"5·12"系列盗窃车内财物案例展开侦查，利用视频侦查技术和相关信息资源，综合应用多种基础侦查措施与手段，有效发挥社会新型网络平台作用。

一、案件基本情况

2012年5月17日，北京市公安局立案侦查北京某公司总会计施某某车内财物被盗案。经工作发现，2012年5月12日凌晨1时许，一名嫌疑人潜入北京某公司院内停车场，将车主施某某放于车内的六万元现金及一台联想笔记本电脑盗走。案情重大，刑侦支队迅速成立"5·12"某公司重大盗窃案专案组，全面展开该案的侦查工作。

二、案件侦破过程

结合"5·12"某公司重大盗窃案基本情况，专案组迅速组织精干力量、快速反应，以"信息战"信息共享、情报预警、情报导侦、辅助决策的基本理念为指引，通过各类信息平台广泛收集信息资源，全力开展案件侦破工作。

（一）发挥传统基础措施优势利用侦查实验准确锁定被盗时间及地点

该案车主与5月10日15时许在银行取款6万元现金，并全部放置于其私人轿车的副驾驶手套箱内。三天后，事主才发现6

万元现金及放置于后备箱内的一台联想笔记本电脑被盗，因此确定被盗时间及地点即成为该案侦查工作的首要人物。侦查员在夜间进行侦查实验，证实事主车辆车门开锁时显示宽灯会闪烁二次，驾驶位车门打开时，门内板灯点亮照射在地面上，会在监视屏幕上观察到一个较为明显的光斑。最终，以侦查实验为基础，通过比对监控录像，确定该案准去被盗时间为 5 月 12 日凌晨 1 点零 3 分至 1 点 10 分，被盗地点及城建九公司单位内部停车场。

（二）整合信息资源利用监控探头开展视频追踪发现嫌疑人作案前后落脚点

（1）由中心现场向外扩展搜索视频线索，发现嫌疑车辆。确定准确的案发时间后，通过查看单位院门监控，发现一名男子于 1 点零 3 分空手步行进院，1 点 10 分提一个手提包走出院门，遂确定该男子有作案嫌疑，同时发现在嫌疑男子走出院门 30 秒钟后，一辆深色小轿车驶过院门并开上单位门前的长安街主路，逐步分析该车有可能为嫌疑人乘坐的交通工具。

（2）发挥交管局高清探头作用，发现嫌疑车辆牌照号码。监控画面显示嫌疑车辆特征为深色三厢轿车，车辆尾部拍照架于后保险杠上并且高于刹车灯。侦查员在嫌疑车辆可能的来去路线扩展搜索所有相关监控探头，并将重点放在交管局能够在夜间拍摄到牌照号码的高清探头。通过查看案发时间段录像，发现三辆深色轿车尾部特征与嫌疑车辆相符合，进一步调取三辆车的行驶轨迹及照片进行分析，发现一辆车牌号码为京 JW91×× 的黑色吉利金刚牌轿车嫌疑突出，经核实，该车辆在 5 月 10 日夜间被盗，其登记车辆为一辆白色捷达车。

（3）整合利用社区监控探头。追踪嫌疑车辆轨迹，发现嫌疑人临时落脚点，通过查询分析京 JW91×× 车辆的行驶轨迹及夜间侦查实验印证：5 月 12 日凌晨 1 点 20 分，挂着京 JW91××

车牌的嫌疑车路过案发现场，并有可能在案发现场有过10分钟左右的停留。至此，嫌疑车辆确定为挂有京JW91××车牌的黑色吉利金刚牌小轿车。

嫌疑车辆在5月22日凌晨盗窃后及5月12日凌晨作案后均回到了石景山区八角区域，侦查员分析嫌疑人在八角区域应当有临时落脚点。据此，侦查员以八角区域作为重点嫌疑区域，查看该区域内所有监控探头，最终在八角北路和八角东桥相交路口的高清探头发现嫌疑车辆。通过视频追踪，确定嫌疑车辆进入八角东街北口的×××小区。

×××小区位于晋元桥西南角，所在的位置符合嫌疑车辆轨迹行驶路线。通过查看该小区内监控视频发现，5月11日凌晨2点50分，嫌疑车辆进入小区后，车上下来一对青年男女，步行走向小区最北侧的×××小区×号楼×单元附近，但最终无法确定青年男女最终进入到是×单元还是×号楼地下室。

根据系统行驶轨迹显示，嫌疑车辆5月12日凌晨作案后再次活动并一路向东经南三环上京沈高速离开北京。嫌疑人在案发前一天盗窃车牌伪装车辆，作案得手后第一时间离开落脚点并驶上高速离开北京。据此判断，嫌疑人应当具有相当强的反侦查意识。

（三）综合利用各种信息资源多措并举汇集线索，最终获取犯罪嫌疑人真实身份

（1）通过录像比对确定嫌疑车辆上下来的青年女子身份。侦查员在小区内通过走访和组织辨认寻找嫌疑车辆和可疑男女，但并无发现。据此，侦查员大胆推测嫌疑车辆和驾驶该车的青年男子并不常住该小区，故将查找重点放在青年女子身上。根据1号楼地下室管理员反映，×××小区向南一公里处有一家歌厅，地下室暂住的很多青年女子在这家歌厅上班。侦查员调取5月11日凌晨1时许，歌厅一名下班的青年女子衣着体态与嫌疑车辆上下来的青年女子十分接近。5月12日凌晨1时许，嫌疑车辆驶过该小区北门短暂停车，车上跑下一名青年女子，并一路跑回×号楼地下室附近，对比对应时间段的歌厅门口录像，歌厅一名下班的青年女子衣着体态与跑入小区内的青年女子相吻合，通过秘密查访及辨认，嫌疑人身边的青年女子名叫叶春某，吉林辽源人，在歌厅上班，目前暂住于×号楼地下室，但嫌疑人身份仍无法确定。

（2）通过网侦获取被盗无线网卡使用情况及嫌疑人QQ号码。事主被盗电脑包内装有一个联通无线网卡。案发后，侦查员即通过市局网安总队对被盗电脑及无线网卡开展工作。经工作发现被盗无线网卡曾在5月14日、15日、24日被使用，在14日联网使用时，曾经登录过两个QQ号（7511464××、16389411××），调取这两个QQ号码的登录轨迹，发现大部分登录地点为辽宁辽源附近，其中号码为7511464××的QQ于5月26日使用北京电信网络登录一次，登录IP地址落地为×××北里×号楼地下室。通过分析两个QQ号码的登记信息及QQ空间，这两个QQ号的使用人可能为嫌疑人及其在辽源老家的妻子。

（3）仔细查阅QQ空间信息，迂回获取嫌疑人身份信息。通过查看号码为16389411××的QQ空间信息，发现一家三口照片及小孩写真集封面照片。推测小孩名字为宫悦某，在公安网调取辽源市所有叫宫悦某的男童信息，发现一名2007年出生的叫宫悦某的男童信息相吻合，调取其父宫兴某、其母孙丽某个人信息，发现两个人身份照片与QQ空间内一家三口照片十分近似，同时查询发现宫兴某名下有一辆黑色吉利金刚轿车，车牌号为吉D5D6××，车身码：LB37624S5AL0768××。至此，该案嫌疑人身份初步确定为吉林辽源人宫兴某。

（4）通过辨认及调取话单进一步锁定嫌疑人。侦查员将宫兴某照片交1号楼地下室管理员辨认，管理员立刻认出宫兴某是叶春某的男朋友，并反映宫兴某只是偶尔过来住。侦查员调取叶春某的手机通话记录，发现在 5 月 11 日、12 日凌晨，叶春某都曾与一个辽源的号码 159447017××通话，并且叶春某在 5 月 14 日及 22 日的通话地点位于辽源。综合分析，5 月 11 日凌晨嫌疑车上下来的青年男女应为宫兴某和叶春某，并且宫兴某在 5 月 12 日作案后极有可能与叶春某一同返回辽源。

（四）突显情报信息主导警务的优势作用

（1）6 月 4 日，侦查员获知宫兴某再次来到北京，和叶春某一同居住在×××小区×号楼地下室。经工作查明，宫兴某与叶春某住在该地下室×××号房间，并且与一同居住在地下室的两男两女四名老乡关系较为密切。同时侦查员在×××小区发现宫兴某驾驶的一辆黑色吉利金刚轿车，查看前挡风内车身码证实与宫兴某名下车牌为吉 D5D6××的轿车一致，该车悬挂京 JY65××车牌，经核实为被盗车牌。

（2）虽然嫌疑人及作案车辆均已明确，但该案到目前为止并无直接证据，为确保下一步审讯的工作顺利进行，专案组没有急于收网，于是继续围绕宫兴某及其老乡居住的三间地下室展开秘密取证工作。经工作获知，宫兴某及其老乡的三间地下室开通了网线，并且都有自用的笔记本电脑在联网使用。但地下室环境复杂、人员密集，不具备入户密搜的条件，于是侦查员开拓思路，利用地下室布建局域网的管理软件 WINBOX，实时监测地下室各房间当前联网的电脑使用情况及 MAC 地址。通过监测发现，其中一个房间的联网电脑 MAC 地址与被盗笔记本电脑 MAC 地址相同，证实为被盗笔记本电脑。这项工作为下一步抓捕时人赃俱获确立了有利条件。

（3）该案侦查工作到此阶段已具备收网抓捕的条件，由于宫兴某作案方式为流窜作案，宫兴某、叶春某及其 4 名老乡之间的关系不能排除团伙作案的可能。因此，专案组制定了周密的抓捕及突审方案，将可能遇到的困难充分考虑并制定应对措施。6月8日，专案组按照既定方案将宫兴某抓获，并将叶春某等5人传唤至公安机关进行询问。通过搜查宫兴某居住的地下室×××号房间及吉利金刚轿车，侦查员起获该案被盗的笔记本电脑、无线网卡和4副被盗的机动车牌照。面对突如其来的抓捕和强大的证据攻势，宫兴某在突审中很快交代了5月12日凌晨窜入某公司院内盗窃车内6万元现金和1台笔记本电脑的犯罪事实。同时，在侦查员的审讯深挖下，宫兴某还陆续交代了近期在北京市内流窜作案盗窃车内财物的四起案件和机动车牌照的4起案件。至此，该案成功告破。

第四节　毒品案件侦查

当前，全国毒品滥用呈现出滥用海洛因等阿片类毒品人员比例下降，滥用合成毒品人员比例上升，吸毒人群覆盖各个年龄段、不同文化程度、各个社会职业群体的特点，以青少年为主体的滥用合成毒品问题突出，吸毒人员低龄化趋势明显，因吸毒引发的抢劫盗窃、自伤自残、暴力伤害、驾车肇祸等案件事件不断增多，严重危害社会治安和公共安全。

一、现代毒品情况介绍

（一）毒品的概念

根据我国《禁毒法》第2条的规定："本法所称毒品，是指鸦片、海洛因、甲基苯丙胺（冰毒）、吗啡、大麻、可卡因，以及国家规定管制的其他能够使人形成瘾癖的麻醉药品和精神药品。"

（二）毒品的分类

（1）根据毒品来源可分为天然毒品、半合成毒品、合成毒品。

（2）根据流行时间可分为第一代毒品、第二代毒品、第三代毒品（传统毒品、新型毒品）。

（3）根据对大脑中枢神经作用可分为抑制剂、兴奋剂、致幻剂。

（4）根据毒品成瘾性可分为烈性（硬）毒品、软毒品。

（三）常见的毒品

鸦片、卡苦、吗啡、海洛因都是最常见的传统毒品种类，全世界现在有 1.92 亿名滥用大麻者，可卡因也是古柯家族中常见的一种毒品。

苯丙胺家族主要包括苯丙胺、甲基苯丙胺、麻古、摇头丸，全世界目前有 3700 万滥用者。冰毒是常见的一种毒品案件侦查中的种类，冰毒又叫甲基苯丙胺，吸食冰毒的行为常叫作"溜冰""吸冰"。摇头丸一般是指含有致幻型苯丙胺类兴奋剂成分的片剂和丸剂。"开心水"也被叫作 HAPPY 水，是一种无味、透明、液态的毒品，一般含有冰毒、氯胺酮、苯丙胺、MDMA 等毒品成分中的一种或者几种。

新精神活性物质是指未被国家禁毒公约管制，但存在滥用并会对公众健康带来威胁的物质。目前联合国预防犯罪与刑事司法委员会（UNODC）监测到的多达 700 多种。

（四）当前我国毒品形势特点

1. 全国现有吸毒人数首次出现下降

截至 2018 年年底，全国有吸毒人员 240.4 万名（不含戒断三年未发现复吸人数、死亡人数和离境人数），首次出现下降。其中，有 30 个省（区、市）涉毒违法犯罪人员中未成年人所占比例下降，青少年毒品预防教育成效继续得到巩固。❶

2. 冰毒成为我国滥用人数最多毒品

合成毒品滥用仍呈蔓延之势，滥用毒品种类和结构发生新变化。在 240.4 万名吸毒人员中，滥用冰毒人员 135 万名，占56.1%。冰毒已取代海洛因成为我国滥用人数最多的毒品。大麻滥用继续呈现上升趋势，在华外籍人员、有境外学习或工作经历人员及娱乐圈演艺工作者滥用出现增多的趋势。

3. 新类型毒品不断出现

为吸引消费者、迷惑公众，一些毒贩不断翻新毒品花样，变换包装形态，"神仙水""娜塔沙""0 号胶囊""氟胺酮"等新类型毒品不断出现，具有极强的伪装性、迷惑性和时尚性，以青少年在娱乐场所滥用为主，给监管执法带来难度。

4. "互联网＋物流"已成为贩毒活动主要方式

随着互联网、物流寄递等新业态迅猛发展，不法分子越来越多地应用现代技术手段，全方位利用陆海空邮渠道走私贩运毒品，渠道立体化、手段智能化突出。"互联网＋物流"已成为贩毒活动主要方式。

---

❶ 数据来源于《2018 年中国毒品形势报告》。

二、毒品犯罪案件的侦查

（一）毒品犯罪案件的概念

毒品犯罪案件是指违反我国禁毒法律法规，从事与毒品有关的犯罪活动，需要追究刑事责任而决定立案侦查或者起诉审判的案件。

根据《刑法》第 347~357 条所规定的 12 个毒品犯罪罪名，可以分为 12 种毒品犯罪案件：①走私、贩卖、运输、制造毒品犯罪案件；②非法持有毒品犯罪案件；③包庇毒品犯罪分子犯罪案件；④窝藏、转移、隐瞒毒品、毒赃犯罪案件；⑤走私制毒物品犯罪案件；⑥非法买卖制毒物品犯罪案件；⑦非法种植毒品原植物犯罪案件；⑧非法买卖、运输、携带、持有毒品原植物种子、幼苗犯罪案件；⑨引诱、教唆、欺骗他人吸毒犯罪案件；⑩强迫他人吸毒犯罪案件；⑪容留他人吸毒犯罪案件；⑫非法提供麻醉药品、精神药物犯罪案件。

（二）毒品犯罪案件的类型

（1）按照毒品犯罪的客观行为表现进行的分类，主要包括经营牟利型犯罪，非法持有型犯罪，包庇、窝藏（妨害司法机关禁毒活动）型犯罪和强迫、引诱、帮助毒品消费型犯罪。

（2）根据毒品犯罪案件的危害后果，分为一般案件（鸦片 <200 克；海洛因或冰毒 <10 克），重大案件（10 克 <海洛因或冰毒 <50 克）和特别重大案件（海洛因或冰毒 >50 克）。

（3）根据贩毒数量的多少，分为大宗毒品犯罪案件（鸦片 >50 克；海洛因或冰毒 >10 克）和零包毒品犯罪案件（鸦片 <50 克；海洛因或冰毒 <10 克）。

（4）根据贩毒活动涉及的范围，分为境内贩毒案件和跨国贩毒案件。

（三）几种常见的毒品犯罪侦查

1. 贩毒案件侦查方法

侦破贩毒案件是一个控制和发现的过程。控制就是对已经发现的侦查目标进行严密监控，侦查目标包括从事贩毒活动的人和正在运输途中的毒品；发现就是通过对目标的严密控制来不断地发现更多的涉案人员，查清贩毒犯罪网络的基本情况，获取重要的犯罪证据。针对不同目标，应注意使用不同的侦查控制方法。

（1）对犯罪嫌疑人的控制。侦查部门发现具体的嫌疑对象后，可通过对人员的监控来查清案件事实真相，获取重要的犯罪证据——毒品。

（2）对毒品的控制。侦查部门发现毒品后，可通过对毒品的控制来发现隐藏在毒品后面的贩毒网络和涉毒人员。

（3）对毒品和毒贩的控制。侦查部门已经发现毒品并且抓获犯罪嫌疑人，但是未发现真正策划组织贩毒活动的主要毒贩，可通过对毒品和已抓获毒贩的监控，来查清整个贩毒组织网络，抓获策划贩毒活动的幕后毒贩。

（4）对毒资的控制。侦查部门使用金融调查的方法对涉案可疑资金进行调查和控制，通过控制可疑资金，查清贩毒活动情况，收集固定犯罪证据。

（5）对作案工具的控制。侦查部门对贩毒活动所使用的作案工具，如通信工具、交通工具等，运用技术侦查措施进行严密监控，及时掌握犯罪动向调查清犯罪事实真相。

2. 制毒案件侦查方法

公安机关在获取情报后，应该及时对毒品加工场所进行勘验、检查，了解并掌握负责人和工作人员的身份情况，原料来源情况，毒品的生产、加工和销售情况，加工场所的数量、活动范围和资金情况等。根据现场勘查的结果，就整体情况作出评估，以确定毒品加工场所的性质。

（1）毒品加工场所的现场勘查。不同于其他毒品犯罪案件，毒品制造案件具有明显的犯罪现场可勘查。①中心现场的勘查。对毒品加工场所的勘查，应当注意发现下列问题：加工厂废气；现场的毒品原植物、成品、半成品、化学品、设备及其用途；用水、用电情况；受腐蚀情况；生产销售的单据、账本等。②外围现场的勘查。对加工厂周围环境的勘查，应当注意发现下列问题：加工厂废气、污水的排放情况；废旧化学试剂瓶的抛弃情况；周围植物的腐蚀和动物的疾病情况。

（2）调查访问。①对犯罪嫌疑人的调查。侦查人员需要了解嫌疑人的合法身份、是否具备相应的化学知识，与可疑毒品加工场所的联系、毒品犯罪前科等。②对化学品公司的调查。化学品是非法制造毒品的原料，毒品加工场所同化学品公司会有密切联系，对化学品公司进行调查走访是侦查制造毒品案件的重要途径之一。调查访问的对象主要是化学品公司管理人员，特别是负责具体订购业务的工作人员。调查内容包括嫌疑人的身份信息、购买化学品的用途、运输化学品和支付货款的方式等。需要注意的是：采购化学品时，嫌疑人可能会从不同的化工公司少量订购化学品，去掉原标签或装进其他的容器中，使用非专用车辆或不断倒换车辆运输化学品等。③对周边群众的走访。对毒品加工场所周围群众进行走访，能够掌握制毒活动的规律特点，如工作人员行动诡秘，毒品加工场所的用水、用电情况异常，容易产生特殊化学气味，排放大量污水，丢弃废旧化学试剂瓶等。

三、控制下交付

(一) 控制下交付的概念

控制下交付一词源自英文词组"controlled delivery"，控制下交付是指禁毒执法机关在明知有毒品贩运的情况下，仍然允许其继续运输，或是在查获毒品后，采用伪装手段使毒品继续"正常"运行，同时秘密监控其运输过程和交付地点，以期查明更多的涉案人乃至犯罪的组织者、策划者，将涉毒犯罪组织一网打尽的特殊侦查手段。

(二) 控制下交付的法律规制

控制下交付是在 20 世纪后半叶以来特别是 20 世纪 80 年代以来毒品犯罪呈国际化和有组织化发展态势的背景下应运而生的新型侦查手段。这种手段得到《联合国禁止非法贩运麻醉药品和精神药物公约》《联合国打击跨国有组织犯罪公约》和《联合国反腐败公约》的肯定并在世界范围内予以推广。近些年来，在我国侦查实践尤其是毒品犯罪侦查实践中，控制下交付手段已被全国各地公安机关日益广泛地运用并显示出巨大价值。控制下交付业已成为一种常用的侦查手段。

控制下交付的法律依据是根据《刑事诉讼法》第 153 条第 2 款之规定："对涉及给付毒品等违禁品或者财物的犯罪活动，公安机关根据侦查犯罪的需要，可以依照规定实施控制下交付。"控制下交付的实施要求是根据《公安机关办理刑事案件程序规定》第 272 条之规定："对涉及给付毒品等违禁品或者财物的犯罪活动，为查明参与该项犯罪的人员和犯罪事实，根据侦查需要，经县级以上公安机关负责人决定，可以实施控制下交付。"

（三）控制下交付案例应用——"10·31"外籍人员特大走私毒品案

2013年10月31日0时30分许，北京海关旅检处查获一名涉嫌人体藏毒的巴基斯坦犯罪嫌疑人肖某某·阿里，缴获毒品海洛因33粒，共计294.4克。11月2日22时许，北京市公安局通过控制下交付，在朝阳双井过街天桥上将前来接货的几内亚籍男子萨某某·欧克力抓获。11月6日13时，根据前期工作，在朝阳花家地西里抓获欧克力的同伙冯某，当场起获海洛因等毒品共计527.64克。当日16时，在朝阳区明天第一城小区内，将欧克力的另一同伙哈某某·阿杜抓获，当场起获海洛因等毒品共计44.8克。

在侦破"10·31"专案的过程中，针对境外毒枭使用人货分离、雇人运输的犯罪手段，以及该案不利于收集和取证的现状，同时为了能够摸清毒品犯罪的规律和特点，专案组果断实施控制下交付，成功发现幕后操纵者，将贩毒组织、成员暴露在侦查视线之内，顺利获取毒品犯罪证据，适时选择破案时机，做到人赃并获，取得诉讼证据，为追究罪犯罪责提供依据。

在侦破"10·31"专案过程中，通过控制下交付对犯罪分子实施较长时间的控制，详细掌握了毒犯的购货渠道、接货地点、运输路线、运输方法伪装方法、交货地点、毒品价格等一系列毒品犯罪信息，为侦破毒品案件积累了经验，奠定了基础。与此同时，对如何灵活运用控制下交付这一侦查手段提供了宝贵经验。

案例 9 "12·05" 吴某、吴某柱
贩卖、运输、制造毒品案[1]

一、基本案情

被告人吴某，男，汉族，1972 年 8 月 17 日出生，农民。

被告人吴某柱，男，汉族，1964 年 10 月 23 日出生，农民。

2015 年 11 月，被告人吴某、吴某柱与吴某甲（在逃）、张某健（同案被告人，已判刑）等在广东省陆丰市预谋共同出资制造甲基苯丙胺（冰毒），吴某甲纠集陈某彬、吴某瑞（均系同案被告人，已判刑）参与。后吴某等人租下广东省四会市的一处厂房作为制毒工场，并将制毒原料、工人从陆丰市运到该处，开始制造甲基苯丙胺。同年 12 月 5 日凌晨，被告人吴某、吴某柱和吴某甲指使张某健、陈某彬驾车将制出的 24 箱甲基苯丙胺运往高速公路入口处，将车交给吴某瑞开往广东省惠来县。吴某柱、陈某彬与吴某、吴某甲分别驾车在前探路。后吴某柱指使吴某瑞在惠来县隆江镇卸下 7 箱毒品交给他人贩卖，另转移 4 箱毒品到自己车上。吴某瑞将车开到陆丰市甲子镇，吴某乙（另案处理）取走该车上剩余的 13 箱毒品用于贩卖。同月 10 日，被告人吴某经与吴某甲、吴某乙等密谋后，由张某健从制毒工场装载 7 箱甲基苯丙胺前往广东省东莞市，将毒品交给吴某乙联系的买家派来的接货人刘某某、张某某（均另案处理）。次日零时许，刘、张二人驾车行至广州市被截获，公安人员当场从车内查获上述 7 箱甲基苯丙胺，共约 192 千克。同月 10 日左右，被告人吴

---

[1] 案例来源于《最高人民法院发布 2020 年十大毒品（涉毒）犯罪典型案例》，载《人民法院报》，2020.6.24。

某柱在陆丰市甲子镇经林某庭（同案被告人，已判刑）介绍，与纪某某（在逃）商定交易550千克甲基苯丙胺，并收取定金港币20万元。同月16日22时许，吴某柱、林某庭、纪某某等在广东省肇庆市经"验货"确定交易后，陈某彬驾驶纪某某的车到制毒工场装载甲基苯丙胺，后将车停放在肇庆市某酒店停车场。次日凌晨，公安人员在四会市某高速公路桥底处抓获吴某等人，在制毒工场抓获吴某柱等人。公安人员在上述酒店停车场纪某某的车内查获15箱甲基苯丙胺，在制毒工场的汽车内查获6箱和3编织袋甲基苯丙胺，上述甲基苯丙胺共约830千克。公安人员另在制毒工场内查获约882千克含甲基苯丙胺成分的灰白色固液混合物及若干制毒原料、制毒工具。

二、裁判结果

该案由广东省肇庆市中级人民法院一审，广东省高级人民法院二审。最高人民法院对本案进行了死刑复核。法院认为，被告人吴某、吴某柱伙同他人制造甲基苯丙胺，并将制出的毒品予以运输、贩卖，其行为均已构成贩卖、运输、制造毒品罪。吴某、吴某柱纠集多人制造、运输、贩卖毒品，数量特别巨大，社会危害极大，罪行极其严重。在共同犯罪中，二被告人均系罪责最为突出的主犯，应当按照其所组织、指挥和参与的全部犯罪处罚。据此，依法对被告人吴某、吴某柱均判处并核准死刑，剥夺政治权利终身，并处没收个人全部财产。罪犯吴某、吴某柱已于2020年6月15日被依法执行死刑。

三、典型意义

近年来，我国面临境外毒品渗透和国内制毒犯罪蔓延的双重压力，特别是制造毒品犯罪形势严峻，在个别地区尤为突出。本案系一起大量制造甲基苯丙胺后予以运输、贩卖的典型案例。被告人吴某、吴某柱纠集多人参与犯罪，在选定的制毒工场制出毒品后组织运输、联系贩卖，形成"产供销一条龙"式犯罪链条。

吴某、吴某柱犯罪所涉毒品数量特别巨大，仅查获的甲基苯丙胺成品即达 1 吨多，另查获 800 余千克毒品半成品，还有大量毒品已流入社会，社会危害极大，罪行极其严重。人民法院依法对二人判处死刑，体现了对制造毒品类源头性犯罪的严惩立场。

第五节　电信诈骗案件侦查

近年来，随着信息化、网络化的快速发展，电信诈骗犯罪持续高发，给人民群众造成了重大经济损失，已成为影响人民群众切身利益的突出问题，也是人民群众高度关注的热点问题。全国电信诈骗案件高发的态势从 2010 年开始，各地公安机关纷纷组建电信诈骗专业队，有针对性地对电信诈骗案件进行打击防范。当前电信诈骗案件侦查的主要方向已经从原来的案件侦查模式发展到现在的预防止付模式。

一、电信诈骗犯罪概念、特点、分类

（一）概念

电信诈骗犯罪，指以非法占有为目的，利用固定电话、移动电话、网络等现代电信技术手段及信件、报纸等传统媒介传递虚假信息，通过银行自助存兑功能或其他支付手段，以非接触性的方式完成非法占有他人财物目的的犯罪行为，简称"电诈"。

（二）特点

1. 犯罪手段科技化

犯罪分子的作案工具从手机短信群发器、电脑群发软件、一号通等发展到任意显号、任意改号软件等，犯罪的欺骗性和隐蔽性增强。

2. 诈骗方式多样化

犯罪分子利用民众心理弱点，不断翻新诈骗内容和作案手法，屡屡得逞。

3. 作案手段隐蔽化

犯罪分子通过邮件、短信、即时通信等现代金融及通信技术实施诈骗。犯罪过程中不与被害人直接接触，常跨省市、跨地区、跨国境作案，给群众的判断识别和公安机关的侦查增加了难度。

4. 犯罪现场流动化

犯罪群体不断蔓延扩散，作案过程多区域活动，犯罪分子大跨度流窜。

5. 犯罪群体职业化

犯罪群体的结伙形式从家族式作案，到企业化运作，招聘下线、话务员、取款人、团伙骨干、幕后指挥者相互之间单向联系，甚至境内外勾结，犯罪团伙头子躲在境外电话远程操控。

6. 社会影响深度化

诈骗金额从几千元、几万元、几十万元，到数亿元，给受害者带来极大的经济损失。

（三）分类

如表 4.5.1 所示，电信诈骗犯罪分为 8 类。

表 4.5.1　电信诈骗犯罪分类

序号	类型	特点	防范
1	电话诈骗	骗子绘声绘色的描述等让事主很容易进入"角色"，导致被骗金额偏多	不要相信任何有关有毒、涉黑、涉毒、安全账号、信用卡透支等内容的电话及"＋110"打来的诈骗电话
2	短信诈骗	利用"伪基站"形式群发诈骗短信	不要相信任何节目中奖、转账等信息，采用安全软件拦截诈骗短信
3	钓鱼网站诈骗	①群发短信诱使网民上网操作；②境外注册域名逃避网络监管；③高仿真网站制作，欺骗网民透露账户密码；④连贯转账操作，迅速转移网银款项	核对网站域名；比较网站内容；查询网站备案；查看安全证书；查验"可信网站"
4	恶意二维码诈骗	二维码带病毒，扫码后可能会下载一个木马病毒到手机中，导致遭遇财产损失	谨慎对待陌生二维码，安装手机安全管理软件
5	社交软件诈骗	通过社交软件发送钓鱼网站给用户，或通过盗号软件盗取他人账号诈骗钱财	用户需提高安全支付辨识能力
6	网络购物诈骗	以低价格诱惑买家，用网址进行诈骗或以交易异常为由让买家补付货款	到正规大平台购物、使用安全的第三方支付
7	伪造篡改诈骗	通过软件伪造篡改手机主叫号码实施诈骗	亲自打电话确认

续表

序号	类型	特点	防范
8	虚假 WiFi 诈骗	连上公共 WiFi 后，骗子便可轻松截获网络数据并破解密码，篡改收款人转账接受账户等方式盗取受害人的钱财	不要随便在公共场所接入陌生的免费 WiFi，更不要在陌生网络中使用网银账户、密码，使用手机安全管理软件

二、电信诈骗案件情况概述

（一）电信诈骗案件涉及面广

传统的诈骗案件涉及面往往比较单一，与之相比，电信诈骗案件涉及面更广。360 安全平台发布的《2019 年网络诈骗趋势研究报告》中指出，2019 年广东省举报量位居首位，占比 10.7%；山东位居第二位，占比 7.1%；河南位居第三位，占比 6.2%。❶其中，网络诈骗举报数量最多的前十名省份之和为 57.7%，仅占全国 31 个省级行政区域（不含港、澳、台）举报数量的一半，也就是说其余 21 个省级行政区域的举报数量仍然占全国的 42.3%，可谓案件涉及范围之广，危害之深（见图 4.5.1）。

（二）电信诈骗案件呈逐年上升趋势

中国社会科学院 2020 年《法治蓝皮书：中国法治发展报告 NO. 18（2020）》显示，近年来，网络犯罪呈上升趋势，各种传统犯罪日益向互联网迁移，网络犯罪呈高发多发态势，严重危害

---

❶ 数据来源于 360 互联网安全中心发布的《2019 年网络诈骗趋势研究报告》。

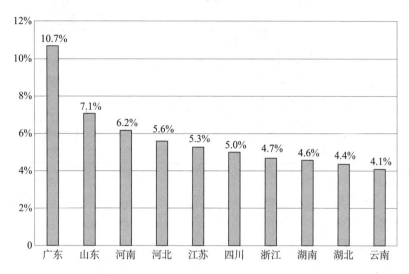

图 4.5.1　2019 年网络诈骗举报数量 TOP 10 省份

国家安全、社会秩序和人民群众合法权益❶。从网络电信诈骗犯罪的手段和方式分析，近年来，电信网络诈骗的运作模式呈现更加明显的专业化、公司化趋向，犯罪分子的犯罪手段也越来越智能化，网络电信诈骗犯罪集团逐渐形成恶意注册、引流、诈骗、洗钱等上下游环节勾连配合的完整链条，也形成了电信网络诈骗的"新范式"。电信诈骗类案件逐年增多，且呈现损失金额数量逐渐增大、被诈骗人群范围扩大的态势。

（三）电信诈骗类型固定但手段翻新

涉及电信诈骗类案件种类主要分为网络诈骗、电话诈骗、短信诈骗三大类。以北京市为例，2015 年，网络诈骗共发案 3483

❶　陈更生，田禾. 法治蓝皮书：中国法治发展报告 NO.18（2020）[M]. 北京：社会科学文献出版社，2020.

起，其中网银升级案件 668 起，网购异常案件 623 起，网络交易案件 447 起；通过电话进行诈骗共发案 1891 起，其中电话欠费案件 923 起，电话冒充熟人案件 650 起，电话冒充部队案件 95 起；短信诈骗共发案 113 起，其中短信冒充熟人诈骗案件 40 起，短信中奖诈骗案件 37 起，其他短信诈骗案件 18 起；其他类电信诈骗共发生 34 起。当前公安机关已经对电信诈骗类型和手段进行了总结和分析，基本类型固定在三种类型，每种类型的诈骗手段也较为固定，但具体实施手段还在翻新，并且表现出较强的反侦查能力。

三、电信诈骗案件高发的主要原因

（一）防范宣传力度不足

针对电信诈骗类案件，打击和防范并重，从减少人民群众财产损失意义上来讲，防范应该重于打击，这就需要对相关银行、写字楼、居民小区进行大力的宣传，让人民群众熟知电信诈骗的各种犯罪手段并加以防范，才能有效地遏制电信诈骗案件的高发。

（二）境外冒充公检法类电信诈骗案件未取得突破

境外电话冒充公、检、法的电信诈骗案件，主要以中国台湾地区犯罪嫌疑人为幕后组织者，在菲律宾、马来西亚、越南、埃及、肯尼亚等国家招募人员，针对国内实施电信诈骗。虽然通过外交部、公安部协调，公安机关侦查部门牵头前往肯尼亚、越南等地开展工作，但往往无果。

（三）打击手段、措施针对性有待提升

电信诈骗案件犯罪成本低，获利巨大，目前整体发案量大，而且手段繁多，花样翻新快，造成此类案件的侦查工作周期长，警力财力投入大，追赃减损难度大等特点。针对性打击手段、措施不能有效应对。

（四）冻结涉案账户、追赃减损手续烦琐

追赃减损是电信诈骗案件侦查的重点内容。由于现有法律规定公安机关只能对涉案账户进行冻结，不能将涉案账号的赃款返还被害人，且每个账号每次只能冻结 6 个月，冻结账户需要到涉案账号开户行办理冻结手续，涉及外地账号需要出差冻结，公安机关和相关部门沟通还存在困难，冻结手续烦琐造成警力、物力的浪费。

（五）相关法律制度的不完善

电信诈骗案件在法律层面上存在着滞后性的缺陷。目前，我国对电信诈骗案件的法律适用是《刑法》第 266 条诈骗罪的相关规定，但是电信诈骗罪与传统的诈骗罪存在较大差异，造成的危害也与传统的诈骗罪不同，如果以一般的诈骗罪定罪量刑，则难以对犯罪分子在法律层面上进行震慑，目前《刑法》上缺乏对电信诈骗犯罪专门的定罪量刑的标准。尽管我国于 2016 年 12 月 19 日由最高人民法院、最高人民检察院、公安部联合印发了《关于办理电信网络诈骗等刑事案件适用法律若干问题的意见》，该意见规定了对电信诈骗案件量刑的具体内容，电信诈骗最高判处无期徒刑或者十年以上有期徒刑，但对于危害特别严重的犯罪分子明显法律威慑力不足。根据数据统计，2016 年 1 月至 2018

年12月网络诈骗案件被告人被判处有期徒刑刑期为三年（不含）以下的占50.28%，三年（含）至五年（不含）的占了29.10%❶，这意味着法律制裁对于大部分被告人处罚较低，致使犯罪分子愿意承担一定的法律风险赚取高额的利润，甚至是在刑满释放后重操旧业（见图4.5.2）。

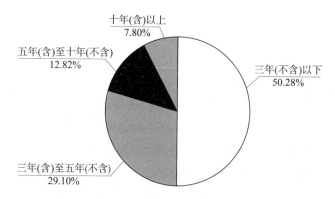

图4.5.2 网络诈骗案件被告人被判处有期徒刑刑期分布

四、电信诈骗案件侦查对策

（一）加强预防，做实防范

加强电信诈骗案件的串并案工作，对高发的电信诈骗案件，及时通报公安机关人口管理总队、网安部门、外宣部门等，进行专门分析、研究、统筹和对比相关案件，做好宣传防范，及时遏制案件高发的态势。

---

❶ 数据来源于中国司法大数据研究院发布的《司法大数据专题报告之网络犯罪特点和趋势（2016.1—2018.12）》。

(二) 积极联系相关部门,加强协作

电信诈骗案件的犯罪已经形成规模,团伙内部成员分工明确,且各自之间没有往来均通过网络、电话联系。针对电信诈骗案件的特点,打击工作需要社会各方面的配合,外部需要银行、网络运营商、电信运营商的大力支持;内部需要网安、技侦部门的大力支持。

(三) 加强协作,强化精确串并,实现规模打击

积极与各级情报部门协作,对电信诈骗案件进行精确串并,找出犯罪分子实施诈骗活动的规律和特点,通过与刑侦总队、技侦、网安等部门密切协作,开展延伸侦查和轨迹追踪,进行最终实现源头性和规模化打击,有效制电信诈骗犯罪的高发态势。

五、构建电诈侦查预防一体化模式

成立打击防范电信网络诈骗犯罪领导小组,形成了以情报分析为引领、以信息手段为支撑,坚持情报行动一体化、分类侦查与分类防范一体化、局内局外打击防范一体化、资源共享、合成作战的工作格局。以北京市为例,刑侦总队以"四专两合力"为指引,着眼案前、着眼防控、创新工作理念、创新机制战法,强化资金流、信息流控制,建成了北京市公安局打击防范电信网络诈骗犯罪平台,取得了一定成效,实现了发案数量下降、人民群众财产损失明显下降、抓获违法犯罪嫌疑人数量上升、破案数量上升的"两降两升"目标。

针对类案进行拦截防范是当前构建电诈侦查预防一体化的主要方向,通过降低类案发案数量,开展专业拦截防范,提出工作思路方法,总结归纳案件特点,主动发现多发类案和实时监测全

市警情。以北京市为例，将案件进行类案划分，将电信诈骗案件分为 43 大类，148 小类。

针对类案进行拦截防范工作，通过号码快速关停，降低电话冒充熟人类案件发生。以北京市为例 2015 年以来，北京市电话冒充熟人类案件高发，日均发案 200 起以上。通过总结得知，该类案件主要通过北京手机号码对受害人实施诈骗。通过与北京三大基础运营商建立的快速关停手机号机制，经每日警情梳理并进行持续性推送关停，随着关停数量的不断增加，每日发案逐渐减少。

落实辖区内接警止付工作。2015 年 10 月 17 日公安部下发《关于切实抓好接警止付工作的通知》，高度重视紧急止付工作。要求我们要以对人民高度负责的态度，全力抓好本辖区的电信网络诈骗案件涉案账户的紧急止付工作。严格规范做好接警止付工作。对人民群众的报案要全部受理，不得推诿扯皮。要在第一时间查明涉案一级账户信息（诈骗分子要求受害人汇入的账户），迅速将涉案账号、开户人姓名、汇款凭证（无汇款凭证的，由接处警单位写明涉案账号并加盖单位公章）、简要案情、办案民警警官证扫描件及联系方式等信息核对无误后录入协作平台，开展紧急止付。认真做好投诉纠纷化解工作。谁录入谁负责，对不作为、乱作为的民警，要严肃处理。对私自办理案件，造成恶劣社会影响的，一律追究其法律责任。

六、电信诈骗案件优秀笔录

本部分共选择了六种电信诈骗主要类型制作笔录，笔录制作内容翔实，程序合法。

（一）冒充熟人领导诈骗询问笔录

询问笔录

时间

地点

询问人（签名）　　　工作单位　××分局×园派出所

记录人（签名）　　　工作单位　××分局×园派出所

被询问人　　　性别　　年龄　　出生日期

身份证件种类及号码：

□是□否人大代表

现住址

联系方式

户籍所在地

（口头传唤／被扭送／自动投案的被询问/讯问人　月　　日　时　分到达，　月　日　时　分离开，本人签名　　　　　　）。

问：我们是××公安分局工作人员（出示证件），现依法对你进行询问，根据《中华人民共和国刑事诉讼法》的有关规定，你要如实回答提问，作伪证或隐瞒事实将追究你的法律责任，但与本案无关的问题，你有权拒绝回答，你听明白了吗？

答：我听明白了。

问：这是《被害人诉讼权利义务告知书》，你看一下，有什么要求？

答：我没什么要求。

问：根据有关法律规定，如果你认为我们与本案有利害关系，可能影响本案的公正处理，你有权申请回避，你申请吗？你有聘请律师的权利，你聘请律师吗？

答：不申请回避。

问：籍贯？

答：××省×家口市×来县。

问：民族？

答：汉。

问：文化程度？

答：大学本科。

问：政治面貌？

答：共青团员。

问：有无特殊身份？

答：无

问：工作单位及职务？

答：××市××区博康健基因科技有限公司，行政助理。

问：你打110报警反映什么事？

答：我被诈骗了30000元。

问：什么时间发现被骗的？

答：2016年11月22日9时左右。

问：在什么地方被骗的？

答：北京市××区×火街7号，就在我单位的宿舍里，宿舍门牌号是215。

问：说一下事情经过？

答：2016年11月21日18时左右，我在单位215宿舍接到自称是×总（单位总经理）的电话（手机号是×××××××××××），说第二天找我有事，让我2016年11月22日早8时去办公室找他。直到今天早上，也就是2016年11月22日7时45分，我接到自称闻总的人的电话，让我去他办公室。过了10分钟左右，我在去办公室的路上，又接到这个自称闻总的电话，让我不用去办公室了，直接去银行给他转账，具体转账事由他也没给我说，但给我发了一条关于转账账户的短信（内容是：工商，谢某某，××××××××××××××××××）。接完这个电话我就去北京市××区×前路上的一个中国工商银行 ATM 机旁等了大约 10 分钟，他又给我打了一个电话，说需要给他转账一万元，具体转账方式没有给我说。接完这个电话我就用我中国工商银行的银行卡（卡号是：6××××××××××××××7226，户名谢某某）给他转账了一万元，对方账户是 6××××××××××××2200，户名谢某某，我直接在 ATM 上操作转账的。紧接着过了 2 分钟，他又给我打电话，问我还有钱吗，需要再给他转账一万元，然后我通过自己的手机客户端用"工银信使"App 给谢某某的账户转了一万元。转完这笔钱后我给自称闻总的人打了一个电话，确认钱是否转账成功，他说还需要一万元，紧接着就挂电话了。当时我就感觉有点不对劲，就找一个同事确实下这个人是不是闻总，向同事要了闻总的手机号（186××××××06），然后我就向闻总确认是否需要转账，他当时没有听出我的声音，就说他不是闻总，然后我就相信了那个自称是闻总的人。于是我再次通过"工银信使"用同样的方式给谢某的账户转了一万元。没过几分钟，这个自称闻总的人又给我电话要钱，还需要 12000 元，我发觉不对劲，然后我说我先回单位去确认下，他告诉我他不在单位。随后我就回单位了，去闻总办公室直接找闻总确认，但是他不在，随后我将情况给单位其他领导说明了，才发觉自己被诈骗了。于是我就打 110 报警。事情的经过就是这样。

问：讲一下你一共被骗了多少钱？

答：一共 30000 元，分三次被骗的。第一次通过中国工商银行 ATM 转账，后两次通过手机 App "工银信使"转账。

问：说一下对方要求你转账的账户？

答：中国工商银行，谢某某，6×××××××××××
××2200。

问：你给他转账的账户？

答：中国工商银行，张××，6×××××××××××
××7226。

问：说一下你转账的方式？

答：第一次是通过××市××区×前路上的中国工商银行
ATM自动存取款机转账的，直接输入谢某某的账户卡号转的；
第二次和第三次都是通过我的手机客户端一个"工银信使"App
转账的，我直接在收款人一栏输入"谢某某"名字其他卡号账
户信息就自动显示了，紧接着就转账成功了。当时我用手机给他
转账的时候依然在××市××区×前路的中国工商银行ATM机
子旁边。

问：你的"工银信使"的用户名？

答：张××。登录的时候直接用我的手机号就能登录。

问：自称闻总的人的手机号？

答：13××××××47。

问：你后两次给他转账用的手机号？

答：15××××××88。

问：能简单介绍一下这个自称闻总的人的个人信息吗？

答：就是是个男的，听口音是南方人，具体年龄啥的都听不
出来。但是这个自称闻总的人和我单位的闻总声音很像。

问：你以前有过你们单位闻总的联系方式吗？

答：没有。

问：你有什么线索吗？

答：没有，一点儿都没有。

问：你需要案件公开吗？

答：需要。

问：还有其他需要补充的吗?

答：没有。

问：以上所说是否属实?

答：属实。

(二) 冒充公检法电话欠费

询问笔录

时间

地点

询问/讯问人（签名）　　　　　　工作单位

记录人（签名）　　　　　　　　工作单位

被询问/讯问人　　性别　　年龄　　出生日期

身份证件种类及号码：

□是□否人大代表

现住址　　　　　　　　　　联系方式

户籍所在地

（口头传唤／被扭送／自动投案的被询问/讯问人　月　　日
时　分到达，　月　日　时　分离开，本人签名　　　）

问：民族?

答：汉族。

问：文化程度?

答：本科。

问：工作单位、职务?

答：北京××××大学，学生。

问：你今天来派出所什么事情?

答：我被骗了 9985 元人民币。

问：什么时间发现被骗的？

答：2016 年 11 月 22 日 17 时许。

问：什么地点？

答：××市××区北京××××大学学生公寓 20 号 215 宿舍里。

问：讲一下具体情况？

答：2016 年 11 月 22 日 15 时许，我接到一个陌生电话，一名女子自称是联通的客服，说是因为我的另外一个手机号大量发非法短信后被举报，现在要把我用的这张手机卡停机，我说我没有用那张卡，他就说要帮我转接到公安局，还说让我和公安局报警。之后就转接到公安局，公安局接电话的是一名男子，自称是姓雷，是民警，问了我的身份信息和手机号，过了一会就说查到了我涉及一起洗钱案，还问我自己还有几张银行卡，说是要查一下这几张卡有没有异常的资金流动，我就说银行卡现在都不在我的身边，他就说让我去银行办理一张新卡，把所有的钱都转账到新卡中，之后我就在北京××××大学校内的工商银行柜台办理了一张银行卡，办完银行卡我就回宿舍了，然后他就在电话上说了一个网址让我输入进去看一下，我看到是我的一张通缉令，之后问了一些问题具体什么也不记得了，最后他说要帮我把电话转接到他们的科长那里，接电话的人是一名男子，自称姓高，他问了我一些家里的情况，就说让我把旧卡里的钱全部转账到新卡里，我就通过支付宝把旧卡里的 10000 元转账到新卡里，转账成功之后他就让我去工商银行的 ATM 上操作，是通过英文界面操作的，我记得输入过一串号码大概是 11×××××××42，我觉得是手机号，操作完之后他就说让我打出来的账单撕掉，他还说让我不要用我之前办理的旧卡，就挂电话了，挂电话之后我就看到对方打电话过来的号码是网络号码，就发现被骗了。

问：你是以什么方式给对方汇的款？

答：我是在工商银行 ATM 机用英文界面给对方账户转账的。

问：你汇款的银行卡信息？

答：工商银行卡，卡号：62 × × × × × × × × × × × × 08182，户主：陈××。

问：对方信息？

答：手机号：13 × × × × × ×40，0755 – 110，+7（551）10，+ 44（0）75525777777，0755 – 82498748，+ 9652075525777777，+379075525777777，转账到对方是银行卡号现在不清楚。

问：你是否接受过诈骗方面宣传？

答：我看过类似的宣传。

问：对我们破案有什么要求？

答：我要求公安机关能够尽快破案，挽回我的损失。

问：根据我们侦查，使用这种诈骗方式的诈骗机房可能在大陆以外的地区，如果是跨境犯罪集团被其他地的警方抓获你是否坚持要求返还财物？

答：我坚决要求诈骗集团返还我被骗的钱。

问：是否还有补充？

答：没有。

问：以上属实吗？

答：属实。

（三）冒充机票诈骗

询问/讯问笔录（第 1 次）

时间

地点

询问/讯问人（签名）　　　　　工作单位

记录人（签名）　　　　　　　工作单位

被询问/讯问人　性别　年龄　　岁　　出生日期

身份证件种类及号码

现住址　　　　　　　　　　　　　联系方式

户籍所在地

（口头传唤/被扭送/自动投案的被询问/讯问人于　月　日　时　分到达，　月　日　时　分离开，本人签名：　　　　　）

问：我们是××公安分局民警（出示工作证件），现依法对你进行询问，你必须如实回答，对于本案无关的问题，你有拒绝回答的权力，你是否听清楚了？

答：听清楚了。

问：你要如实回答提问，陈述事实，如故意隐瞒事实真相或作伪证，要负相应法律责任，你是否听清楚了？

答：听清楚了。

问：你的个人情况？

答：我叫王×，36 岁，汉族，大学本科学历。

问：你因何事来派出所？

答：我被骗了。

问：何时？

答：2016 年 11 月 30 日 1 时许。

问：何地？

答：×京××区农光里附近建设银行。

问：说说具体情况？

答：2016 年 11 月 29 日 23 时许，我用手机收到一条来自"+0085269912867"发来的短信："说我预订 11 月 30 日的 ×京 – ×州 CA1851 次航班因机械故障已被取消，请致电国航客服 4006757521 办理免费改签或退票！注：您将额外获得 300 元延误补偿费。"因为我前期确实定了一张机票，与短信讲的航班一致，我就打了 4006757521 这个电话，对方先问我的手机号码，告诉对方后，对方问了我的姓名而后又说出了我的身份证号，而后向我说了飞机取消的原因，问我是要退款还是改签，开始对方是要为我办理退款，因为需要办事，我与对方说我还想明天走，对方说因为这班航班每天只有一班，只能改航空公司才可以，对方又说因为要换航空公司，他们那里无法办理，而后我要求退款，对方说他们只能将钱退到银行卡上，无法退到支付宝内，对方又要给我办理换机业务，但对方需要一个验证码才行，对方让我去银行操作，并要求我 45 分钟内办理完业务。因为比较急，我直接就去附近的银行按照对方说的进行操作，我将三张银行卡的卡号和账户余额告诉对方，对方电话告诉我一个账号（62××××× ×××188）让我给他公司的一个账户打钱，说打钱不会成功，而后我会得到一个验证码，当时我用自己的兴业银行卡给其转账后交易居然成功了，当时转账金额为 49918 元人民币，对方说会内部进行处理，将钱转回到我的卡里，但对方说我这张银行卡内的信用额度不够，与对方账户有冲突，需要换卡再打入一笔钱才能完成转账，而后我又从另外这张卡中取出了 20000 元钱，又存入我的建设银行卡内，我又将建设银行卡内的 21795 元人民币转入了对方的账户，转账后对方说肯定会退到我的卡上，让我等到明天 8 时，后经查询我定的这个航班没有取消，我意识被骗，共计损失人民币 71677 元，而后就报警了。

问：对方的联系方式？

答：短信为：+0085269912867，电话为：400×××××21。

问：对方账户？

答：62×××××××××××88。

问：你用几张卡给对方转账？

答：兴业银行 62×××××××××××××14，中国建设银行 62×××××××××××××23。

问：你还有什么补充吗？

答：没有了。

问：以上属实吗？

答：属实。

（四）冒充网络交易收集充值卡

询问/讯问笔录（第1次）

时间 2016 年 8 月 26 日 16 时 17 分至 2016 年 8 月 26 日 16 时 52 分

地点

询问/讯问人（签名）　　　　　　工作单位

记录人（签名）　　　　　　　　工作单位

被询问/讯问人　　性别　年龄　岁　出生日期

身份证件种类及号码

现住址

联系方式

户籍所在地

（口头传唤/被扭送/自动投案的被询问/讯问人于　月　日　时　分到达，　　　月　日　时　分离开，本人签名：　　　　　　　　）

问：我们是×京市公安局××分局××派出所的工作人员（出示工作证件），现依法向你询问有关问题，请你如实回答，对与本案无关的问题，你有拒绝回答的权利，你听清楚了吗？

答：听清楚了。

问：你要如实回答提问，陈述事实，诬告或者作伪证要负法律责任，明白吗？

答：明白。

问：你的个人情况？

答：我叫李某，女，1995 年 03 月 01 日出生，汉族，小学教育文化程度，户籍所在地×京市××区××镇于××五区 13 号，现住×京市××区××镇××村五区 13 号，居民身份证号码×××××××××××××××××，联系电话 17××××××72。

问：你把当时的情况详细地说一遍。

答：2016 年 7 月 29 日 19 时许，我当时在××区××胡同甲 51 号的朋友家那边，然后我的手机没钱了，我在我的微信群里发现了一个叫"文文的小卖铺"的人，在说代理充值，给她钱她帮忙充值，充 1200 元能给 3500 元，然后我 7 月 29 日 21 时许，我就通过微信给她的微信号 Resplendent_XX 转账了 1200 元，然后她说第二天给我充值，接着我再联系她，她就再也不理我了。

问：你一共给了她多少钱？

答：1200 元。

问：你汇款的地点和方式？

答：汇款是在××区××胡同甲 51 号汇款的，是用微信转账的方式。

问：她的微信账号？

答：Resplendent_××。

问：有她的什么个人信息吗？

答：没有。

问：你之前有没有听过电信宣传？

答：听过。

问：你的微信绑定的什么卡？

答：工商的卡。

问：你的微信的账号？

答：17×××××72。

问：你的工商卡的账号？

答：62×××××××××××××55。

问：你还有什么需要补充说明的吗？

答：没有了。

问：以上笔录请你仔细阅看。如果记录有误请指出来，我们即给予更正。请你确认记录无误后再在笔录上逐页签名。

答：好的。

（五）网络冒充熟人电话充值

询问/讯问笔录（第 1 次）

时间 2016 年 8 月 26 日 16 时 17 分至 2016 年 8 月 26 日 16 时 52 分

地点

询问/讯问人（签名）　　　　　　工作单位

记录人（签名）　　　　　　　　　工作单位

被询问/讯问人　　性别　　年龄　　岁　　出生日期

身份证件种类及号码

现住址

联系方式

户籍所在地

（口头传唤/被扭送/自动投案的被询问/讯问人于　月　日　时　分到达，　　　　月　日　时　分离开，本人签名：　　　　　　）

问：我们是××市公安局××分局××派出所的民警（出示

人民警察证），现在依法对你进行询问，你要如实回答、陈述事实，说谎、隐瞒要负法律责任，与本案无关的问题，你有权拒绝回答。如你认为本案民警与此案有利害关系，可能影响此案的公正处理，你可以申请回避，你听明白了吗？

答：我听明白了，我不提出申请。

问：这是《被害人诉讼权利义务告知书》，请看一下？

答：看了，没有异议。

问：民族？

答：汉族。

问：文化程度？

答：初中。

问：工作单位？

答：福××吸尘器××分公司。

问：你因何拨打110报警？

答：我被骗了7000元人民币。

问：何时被骗？

答：2016年11月21日7时许。

问：被骗地点？

答：××市××区××××村（门牌号不详），我的住处。

问：具体讲一下事情经过？

答：2016年11月21日17时许，我在××××处，接到我朋友郭某某的QQ信息，对方说他朋友生病了，急需用钱，因为她没有支付宝，她让我帮她用支付宝转给他朋友。我当时没有怀疑就同意了，我用QQ给她发了我的银行账号，她给我发来四张四笔银行存款截图（都是给我的账号汇款的），共计7000元，接着我按照她给我发的她朋友的支付宝账号发，用我的支付宝给这个账号先后四次汇款，共计7000元。这时我反应过来可能是被骗了，于是我就给我朋友郭某某打电话确认，郭某某说她的 QQ 号被盗了，我再查看我的银行卡，发现没有人给我汇款的记录，于是我就报警了。

问：说一下你朋友的情况？

答：郭某某，女，25 岁左右，××省××县人，她现在人在××××县，认识三年多了，她不会骗我，她的电话是 13×××××61。

问：她的 QQ 号？

答：1054375×××，"保兰"。

问：她的 QQ 号什么时间被盗的？

答：就是前几天，具体时间我没有问。

问：你的银行卡账号？

答：工商银行，账号：62××××××××××××××44，账户名：刘××。

问：你的支付宝账号？

答：13×××××98，刘××。

问：对方截图中的支付账号？

答：中国××银行，账户名：郭某某，账号：6210813××××3757，四张截图都是同一个支付账号。

问：对方给你发来的支付宝账号是多少？

答：×××961111@163.com，王×。

问：对方给你发来的四张截图中给你转账多少钱？

答：第一笔转了 2000 元，第二笔是 1400 元，第三笔是 1600 元，第四笔是 2000 元，共计 7000 元。

问：你给对方支付宝汇款的情况？

答：对方给我发来一张截图，我就按照截图中我收到的钱数给对方汇款，也是四次，共计 7000 元。

问：在询问过程中公安机关是否有违法行为？

答：没有。

问：你还有什么要补充的？

答：没有。

问：以上所说属实？

答：属实。

（六）网银升级类诈骗

询问/讯问笔录（第 1 次）

时间 2016 年 8 月 26 日 16 时 17 分至 2016 年 8 月 26 日 16 时 52 分

地点

询问/讯问人（签名）　　　　　　工作单位

记录人（签名）　　　　　　　　工作单位

被询问/讯问人　　性别　　年龄　　出生日期

身份证件种类及号码

现住址

联系方式

户籍所在地

（口头传唤/被扭送/自动投案的被询问/讯问人于　月　日　时　分到达，　　　月　日　时　分离开，本人签名：　　　　　　　）

问：我们是××公安分局的工作人员，现依法对你进行询问，你必须如实回答，对于本案无关的问题，你有拒绝回答的权力，你是否听清楚了？

答：听清楚了。

问：你要如实回答提问，陈述事实，如故意隐瞒事实真相或作伪证，要负相应法律责任，你是否听清楚了？

答：我收到了。

问：民族？

答：汉族。问：文化程度？政治面貌？工作单位及职务？

答：本科，群众，××市×××学校老师。

问：你因何事来我所？

答：我被骗了人民币 20000 元。

问：以何种方式被骗？

答：冒充银行客服验证信息诈骗。

问：什么时候的事？

答：2016 年 11 月 30 日 18 时 30 分许。

问：在什么地方发现的？

答：××市×××××××酒楼。

问：对方账号？

答：6217002200××××1390，户名：李××，交易地点：×××支行营业部。

问：你的账号？

答：中国建设银行储蓄卡：62××××××××××××××73，户主：尹×。

问：你们通过什么方式联系？

答：短信联系。

问：对方联系方式？

答：不详。

问；说说事情详细经过？

答：2016 年 11 月 30 日 18 时 30 分许，我收到中国××银行客服（号码：95533）发来的短信，称我的建设银行储蓄卡信息不全，请尽快登录 wap. cXXvuz. cc，进行身份补录核实，后我就按照对方提示进行操作，登录该网站，在网页上输入了我的姓名、储蓄卡账号，储蓄卡密码，以及短信验证码，18 时 35 分许，我发现账号内人民币 20000 元被转走，发觉被骗我就报警。

问：总共几笔交易？每笔金额？

答：共计四笔，每笔人民币 5000 元。

问：你有何凭证？

答：交易明细。

问：你还有补充吗？

答：没有了。

问：你以上所说都属实吗？

答：属实。

延伸阅读 常见电信网络诈骗案件类型解析

常见电信网络诈骗案件类型解析：六种典型作案手法。

（一）典型作案手法之一：冒充公检法诈骗

骗术揭秘

犯罪嫌疑人以邮件未领取、电话欠费、信用卡透支等为由，称受害人个人信息被他人盗用并建议报警，再将电话转至所谓的"公安局"，称被害人账户涉嫌洗黑钱，最后诱使被害人将钱转入"安全账户"。犯罪嫌疑人多台湾籍贯，冒充大陆警察实行诈骗。

第一步：通过VOIP技术经互联网向中国大陆境内手机用户发起群呼；"你好，这里是×××市公安局，你现在涉嫌一起电信网络诈骗案件，特此电话通知，请积极配合我们警方的调查……"

第二步：受害人接听后，以信用卡透支、邮件未领取、电话欠费为由，告知其信息被盗用，建议报警，并提供电话号码转接至所谓的"公安机关"，所谓"公安机关"以制作"电子笔录"为由获得受害人个人信息和银行卡信息，之后使用提供的电话号码与受害人多次进行联系。

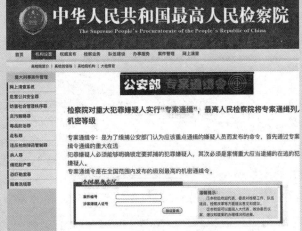

虚假页面截图

第三步：所谓"公安机关"在与受害人联系的过程中，告知受害人有重大嫌疑，并通过虚假最高人民检察院网站向受害人出示"通缉令"使其相信，最后以资金清查为借口欺骗受害人以 ATM、网银或被远程控制的方式将资产转入所谓"公证账户",从而完成诈骗。

2015 年 12 月 20 日,某市建设局财务主管兼出纳杨某接到自称"农行总行法务部人员"和自称"上海市松江公安分局何警官"的电话,称其在上海办理的信用卡存在问题,需要对其掌握的账号进行清查,在"何警官"的诱导下,自称"郭警官""孙检察长""杨检察长"等人与杨某频繁联系,并指导杨某通过电脑登录虚假的"最高人民检察院"网页观看自己的通缉令,要求杨某按照指令去操作,下载相关软件及使用持有的 U 盾配合检查,运行所谓的"清查程序"直至 1.17 亿元资金被转走。

(二)典型作案手法之二:电话冒充熟人诈骗

嫌疑人拨打电话时会用很模糊的词语、称呼,让事主猜测嫌疑人身份,或者从非法渠道购买信息,取得事主信任,之后便向事主发出"帮个忙"的请求,并利用当事人对朋友热情帮助等心理屡次诈骗成功。"喂,小×,听出我是谁了吧?明天早上九点来我办公室一趟,我找你有点事,噢!对了!记得带上两个信封……"

第一步:从各种渠道购买通信录,购买身份证开银行卡。

第二步:由话务员根据通信资料逐个打电话。

第三步：诈骗款项到账后迅速转移到其他账户。

第四步：特定人持银行卡去柜员机取款。

第五步：提到现金按照不同的角色分工进行分赃。

这五个环节中，最关键的环节是"打电话"。每一起成功的诈骗一定要打两通电话——第一道电话：先做个铺垫，直呼受害者名字，让受害者误以为骗子是他的某个熟人、朋友、上司；第二道电话：以嫖娼被抓、车祸救急、送礼买单等各种借款让受害者转款。

｛ 案例 ｝

2017 年 10 月 6 日 19 时，李某接到陌生男子来电，事主未核实对方身份，听口音误以为该男子为公司领导，该男子让事主于 10 月 7 日到公司找他一趟。10 月 7 日，事主到公司楼下，该男子用相同电话号码再次联系，称现在领导在办公室检查工作，需要向领导送礼，直接给不方便，让事主给对方转账，之后再还给事主现金。事主向对方提供的卡号转账人民币 50000 元，后该男子再让其转账，才发觉被骗。

（三）典型作案手法之三：假机票诈骗

｛ 骗术揭秘 ｝

犯罪嫌疑人通过非法渠道获取准确的事主航班信息，并以航班延误或取消需要办理改签或退票业务为由向事主发送短信，大多数人往往因为航班信息的准确而深信不疑，并回拨其提供的号码，从而进入诈骗陷阱。

诈骗短信截图

第一步：获取客户信息。主要是通过黑客侵入航空公司、第三方票务公司的官网，获取客户的最新资料。

第二步：发送办理退票手续的虚假短信，并留下所谓的 400 客服号码。

第三步：受害人拨打该 400 电话后，"客服"人员根据精准的客户信息，以办理机票退款的方式，欺骗受害人按照要求进行所谓的 ATM 退款操作，实际为向嫌疑人账户转账的操作，从而完成诈骗。

2017 年 10 月 24 日下午，谢某在网上订了一张北京到深圳的飞机票。2016 年 10 月 28 日 12 时许，她的手机收到一条短信，内容为其预订的飞机航班因飞行系统故障已被取消，为避免影响的行程，请联系客服办理改签，并留有一个 400 的客服电话。谢某拨通该 400 号码与客服取得联系，对方让她到银行 ATM 机办理退票退款操作。谢某在英文转款界面输入对方所谓的收款验证码 045635 后，发现其银行卡里的 45635 元被转走，遂报警。

（四）典型作案手法之四：QQ、微信冒充熟人诈骗

犯罪嫌疑人通过修改头像、昵称、签名等方式"克隆"成被害人好友。甚至抄袭对方的"朋友圈"内容，如此一来几乎可以以假乱真，骗取被害人信任，然后向被害人发出情况比较紧急的帮助请求从而完成诈骗。"××兄弟，在吗？我现在在外地出差急着用钱，可是支付宝不能立即到账，麻烦你去 ATM 机上给我转××万元钱，账号×××，我马上转账给你。"

通常以 QQ、微信等即时通信软件为实施平台，以植入木马或钓鱼网站为盗号手段，以亲友借钱或外汇兑换为骗钱手法，2014 年第四季度开始，犯罪团伙在作案时开始"废弃"木马盗号环节，以在网络搜索引擎查到的企业标志为头像，以企业负责人 QQ 账号资料信息为克隆对象，"克隆"出一个新的具有极高欺骗性的"画皮"QQ 号码，在网上伪称自己为侵害对象公司企业负责人，并加企业财务人员为 QQ 好友，在向财务人员探明公司财务信息后，以支付货款、私人借贷等接口诈骗企业资金。

2017 年 10 月 12 日事主唐某的手机 QQ 收到一条国外留学亲人让其代付机票的消息，因该账号的昵称和头像与其亲人的昵称和头像完全一致。所以唐某信以为真，同时为了亲人方便，立即将机票钱打到了对方提供的"机票代

理公司"的账户上。后唐某与该亲人取得联系，发现并无此事，经查询 QQ，发现自己 QQ 上的那个账号并非自己亲人的真实 QQ，而是头像、昵称一样的山寨 QQ，遂发现被骗 30000 元。

（五）典型作案手法之五：中奖诈骗

犯罪嫌疑人通过手机短信或互联网发送相关中奖信息，事主一旦与犯罪嫌疑人联系或登录网站兑奖，即以"转账手续费"等各种理由要求事主汇钱或直接要求事主在网站上输入银行账户信息兑奖，骗取事主取款信息，达到诈骗目的。

诈骗短信截图

第一步：以《奔跑吧兄弟》《中国好声音》等栏目组名义通过短信或网页弹窗群发含有钓鱼网站链接的大额中奖短信信息。

第二步：通过在仿真栏目组官方网站上输入验证码的方式获得受害人的信任，同时显示出奖品页面。

第三步：通过中奖页面上"本消息由互联网公证处公证或审批"的语句，以缴纳公证金进行领奖为由，使受害人进行转账，完成诈骗。

> **案例**

2017年10月25日15时，安某手机收到某电视娱乐节目栏目组中奖信息，安某点击网址进入后输入个人信息。10月26日13时，安某又接到一名自称××公证处王科长的电话，该男子称安某必须按照中奖规则缴纳5500元公证费用后方可领奖，同时，如果安某放弃，则要以违约之名起诉安某。安某信以为真，遂通过ATM机给对方所提供的账号汇款5500元，后所谓的办理员又要求安某缴纳手续费2000元，安某在汇款2000元后才发现被骗。

（六）典型作案手法之六：网购异常诈骗

> **骗术揭秘**

犯罪嫌疑人往往称网店的这次交易出现了问题，一般是以退换货、重新确认付款等为由，给消费者发来重新付款网址，受害人在点击该网址填入相关信息进行付款后，即发现自己的账户在不断进行转账操作，从而被骗。"您好，请问是×××吗？刚刚您买的×××物品由于网络异常没有完成付款，现在我发个链接给您，您点进去重新付一下款，好吗？"

支付宝退款链接
91588tbi.tbpayu.com/opooe/pt/?
fi=79 请点击进入，按照流程退款.本
次操作由支付宝进行核实，退款步
骤 1，点击打开退款链接输入您的淘
宝或支付宝帐号 2 填写您退款的
银行信息 3 按步骤到确认退款 4
系统认证成功5-10分钟，请耐心等
待... 请不要网址关闭！谢谢合
作！

诈骗短信截图

第一步：网购信息。骗子从一定渠道获得了消费者的网购资料，借以冒充网店店主或客服，以得到消费者的信任。

第二步：冒充客服退换货。骗子称网店的这次交易出现了问题，一般是以退换货、重新确认等为由，要求消费者重新执行指定的操作。

第三步：发送支付链接。对方要求重新操作或打款，但用的却不是官网渠道或第三方支付平台，而是发了一个与官方网址相似的链接，受害人在该网页上填入账号、验证码等信息后，随即被嫌疑人获取，进而完成转账操作。

2017 年 10 月 25 日 17 时许，赵某接到一个电话，对方称其在某购物网站购买的商品出现问题需要退款后重新购买，并通过短信向事主发来连接，该网页显示为此购物网站的交易异常退款平台，事主遂按网页的要求将自己的银行账户及验证码信息进行了填写并提交，后即发现自己银行

账户内的 10000 元现金被转走，同时又陆续产生了 2900 元、2100 元、1200 元三笔消费支出，遂报警，共计被骗取现金 16200 元人民币。

参考文献

［1］井晓龙. 中国刑事侦查四十年［J］. 法学杂志，2019（7）.

［2］叶青，张栋. 中国刑事诉讼法学研究四十年［J］. 法学，2018（9）：3－19.

［3］陈卫东. 刑事诉讼法治四十年：回顾与展望［J］. 政法论坛，2019（6）：18－30.

［4］陈瑞华. 刑事辩护制度四十年来的回顾与展望［J］. 政法论坛，2019（6）：3－17.

［5］卞建林、谢澍. 刑事诉讼法治建设七十年回顾与展望［J］. 人民检察，2019（4）：53－59.

［6］刘菁. 刑事诉讼管辖制度四十年的发展与启示［J］. 北京政法职业学院学报，2019（3）：8－13.

［7］梁欣. 从法制到法治——改革开放四十年刑事诉讼模式变迁［N］. 人民法院报，2018－11－14（5）.

［8］陈瑞华. 司法体制改革导论［M］. 北京：法律出版社，2018.

［9］陈光中. 司法改革问题研究［M］. 北京：法律出版社，2017.

［10］马忠红. 刑事侦查学［M］. 北京：中国人民公安大学出版社，2014.

［11］陈永生. 刑事冤案研究［M］. 北京：北京大学出版社，2018.

［12］毕惜茜，刘明辉. 公安"大侦查"体制改革研究［J］. 中国人民公安大学学报（社会科学版），2017（1）：97－103.

［13］蔡东华. 我国大刑侦管理模式的建构和思考［D］. 兰州：兰州大学硕士学位论文，2017.

［14］熊长锋. 浅谈刑侦队伍专业化建设［J］. 江西警察学院学报，2016

（1）：42 – 46.

［15］公安部五局. 视频侦查学［M］. 北京：中国人民公安大学出版社，2014.

［16］王超强，刘启刚. 大数据侦查的理论基础与实践价值［J］. 广西警察学院学报，2017，30（4）：50 – 55.

［17］张小川，杨宏芳. 放火案件侦查要点分析［J］. 重庆科技学院学报（社会科学版），2014（1）：44 – 46.

［18］张江伟. 论公安执法规范化建设［J］. 北京警察学院学报，2017（3）：7 – 13.

［19］彭永来，侯绪东. 1413 例自杀死亡案件特点研究［J］. 河南公安高等专科学校学报，2010（12）：120 – 122.

［20］戴长林，朱和庆，刘广三，等. 全国部分法院审理黑社会性质组织犯罪案件工作座谈会纪要的理解与适用［M］. 北京：法律出版社，2017.

［21］广东刑警. 公安机关 2018 年扫黑成绩单：查处"保护伞"152 人！［EB/OL］.［2019 – 01 – 28］. http：//www. sohu. com/a/291960427_120025317.